AF554543

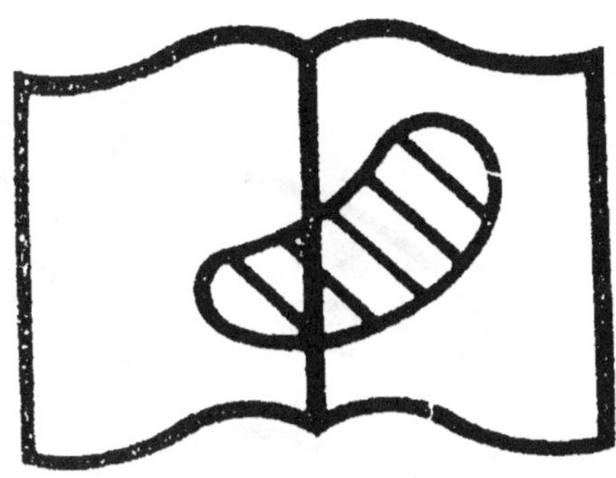

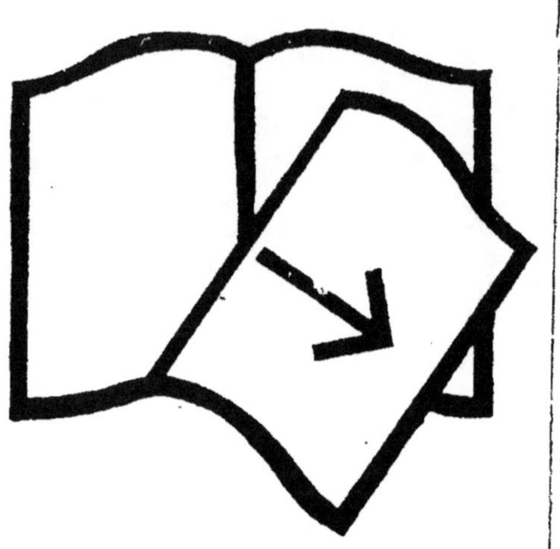

Couverture inférieure manquante

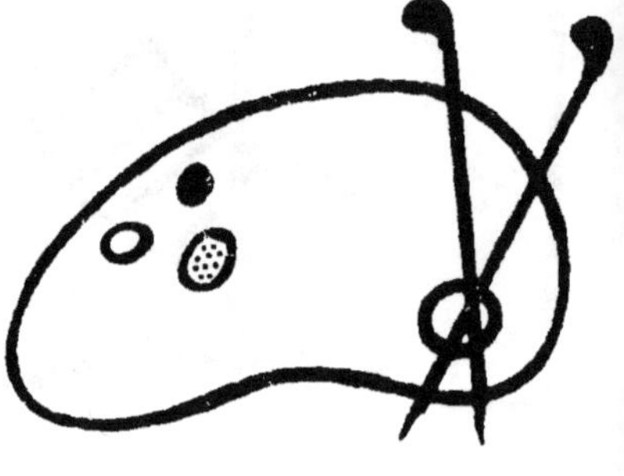

Original en couleur

NF Z 43-120-8

L'ENSEIGNEMENT

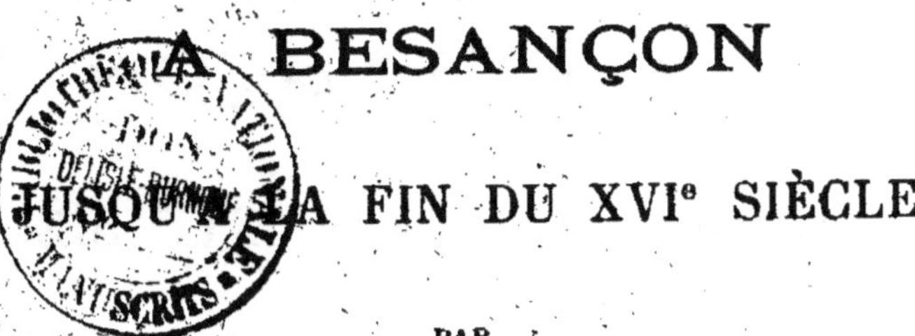

A BESANÇON

JUSQU'A LA FIN DU XVIe SIÈCLE

PAR

Ulysse ROBERT

INSPECTEUR GÉNÉRAL DES BIBLIOTHÈQUES ET ARCHIVES

(Extrait du *Progrès Français*, Août 1899-Janvier 1900)

BESANÇON

IMPRIMERIE DU PROGRÈS

8, rue Pasteur, 8

1899

L'ENSEIGNEMENT

A BESANÇON

JUSQU'A LA FIN DU XVIe SIÈCLE

PAR

Ulysse ROBERT

INSPECTEUR GÉNÉRAL DES BIBLIOTHÈQUES ET ARCHIVES

(Extrait du *Progrès Français*, Août 1899-Janvier 1900)

BESANÇON

IMPRIMERIE DU PROGRÈS

8, rue Pasteur, 8

1900

L'ENSEIGNEMENT A BESANÇON

JUSQU'A LA FIN DU XVIe SIÈCLE

Le présent travail a pour objet de faire connaître, autant que le permettent les trop rares documents qui nous sont parvenus, les efforts du clergé et de l'administration municipale de Besançon pour répandre les bienfaits de l'instruction dans cette ville, avant l'année 1600. Si je m'arrête à cette limite, c'est qu'elle m'est toute tracée par les publications de M. S. Droz, qui a consacré deux volumes au collège des Jésuites, fondé en 1597, et suite du collège municipal, à l'Ecole centrale et au lycée (1).

I

Selon notre vieux chroniqueur Gollut, dans lequel il y a un peu à prendre, mais aussi beaucoup à laisser, Besançon aurait été, dans les premiers siècles de notre ère, un centre d'enseignement pour les Séquanais, nos pères. C'était bien moins pour instruire les enfants et la jeunesse que pour leur faire « mieux perdre la mémoire de l'institution, mœurs, loix et » règles anciennes gauloises », que les Romains auraient institué des écoles dans les pays conquis. On ne procède d'ailleurs pas autrement de nos jours. Ces « escholes, dit-il, estoient non » seulement pour les lettres, la langue latine et pour la cognois» sance des sciences libérales, mais encore y estoient enseignés » les escrimes et manimens des armes (2). » Que le programme des études, comme on dirait aujourd'hui, ait compris l'escrime et le maniement des armes, je n'oserais l'affirmer. Je ne crois pas davantage, je le regrette pour nous, que Quintilien, ainsi

(1) *Recherches historiques sur la ville de Besançon; les Jésuites, collège; première époque; — Rénovation de l'enseignement, école centrale, lycée.* Besançon, 1868 et 1869, in-8°.

(2) *Mémoires historiques de la république séquanoise*, éd. Duvernoy, col. 39.

que l'a avancé un de nos estimables historiens, ait enseigné à Vesontio. Dom Grappin a mal interprété un passage d'Ausone, qui s'applique à Julius Titianus, l'ancien précepteur de Maximin, fils de l'empereur du même nom (vers 235) (1). L'école de Besançon y est formellement mentionnée comme *schola municipalis*.

Pour cette période reculée, nous ne savons rien de plus. Autant les renseignements sont abondants sur les écoles de Condat ou Saint-Oyand et de Luxeuil, du ve au xe siècle, autant ils sont rares pour celles de Besançon, qui font bien triste figure auprès de leurs illustres voisines (2). Il est permis de supposer qu'elles ont eu une existence régulière, mais elles n'ont pas d'histoire. C'est dans le Rituel de l'évêque saint Prothade, mort en 620, qu'il faut en chercher les faibles traces arrivées jusqu'à nous. Ce document liturgique nous apprend qu'il y avait, dans les deux cathédrales de Saint-Jean et de Saint-Etienne, une *schola cantorum*, que l'on peut assimiler jusqu'à un certain point aux maîtrises actuelles. Ce devaient être aussi en même temps comme les séminaires où se recrutait le clergé bisontin. La principale fonction des élèves de la *schola cantorum* semble avoir été d'assister les prêtres dans la célébration des offices.

Donat, successeur de Prothade, avait été oblat à Luxeuil. Devenu évêque de Besançon, il dut y apporter au moins quelques-unes des traditions du monastère où s'étaient écoulées son enfance et une partie de sa jeunesse. Il composa une règle pour ses clercs de Saint-Etienne et de Saint-Paul. Plusieurs chapitres concernent les études. L'un d'eux précise les droits et les devoirs des maîtres et des élèves. Si le respect est recommandé à ceux-ci, ceux-là doivent répondre de leur instruction ; si un maître s'est absenté sans se faire remplacer, l'élève va trouver l'abbé pour qu'il charge quelqu'un de le suppléer.

La récitation des leçons avait lieu avant le repas. Quiconque ne les savait pas, était condamné au jeûne jusqu'au lendemain.

Ne se livrait pas qui voulait à l'étude des lettres ou d'un art

---

(1) *D. Magni Ausonii Burdigalensis opera*, éd. de 1612, p. 239.

(2) Voir mon étude sur les *Ecoles en Franche-Comté pendant le moyen âge*, publiée dans les *Annales franc-comtoises* de 1899, mars-juin.

quelconque : il fallait y être autorisé ou désigné spécialement par un des supérieurs. Enfin il était interdit d'enseigner en cachette. Dans sa règle, saint Donat nous apprend qu'il professait lui-même, tous les jours, les lettres sacrées. Diverses prescriptions sont relatives à la lecture des Pères, au chant et à la psalmodie (1).

Saint Claude II, avant d'être évêque de Besançon, avait été moine et abbé de Condat, qui s'appelait alors Saint-Oyand, en attendant que son propre nom fût substitué à ce dernier. Il se préoccupa de maintenir l'étude des lettres dans ses écoles, ainsi qu'un de ses successeurs Abbon, qui, dans le même but, s'était associé Adon, abbé de Luxeuil (2).

***

Il faut ensuite descendre jusque vers la fin de la première moitié du XIe siècle pour retrouver des renseignements sur les écoles de Besançon. L'archevêque Hugues Ier, qui a mérité d'être appelé le Grand par ses contemporains, les revivifia, comme il restaura une partie de la ville ruinée et comme il réforma les mœurs de son clergé. Il semble avoir été le fondateur de l'école de Sainte-Madeleine, laquelle a laissé son nom à la rue parallèle à la rue d'Arènes. A la tète de chacune d'elles était un chanoine, qui était désigné sous les noms de *scholasticus*, *doctor scholarum*, *magister* ou *rector scholarum*, d'écolâtre. Il avait généralement pour adjoint un clerc.

Dans le Directoire qu'il rédigea d'après la règle de saint Chrodegang, à l'usage des chanoines, des prêtres et des clercs de son diocèse, il n'oublie pas les élèves des *scholæ cantorum*. Il recommande aux chefs des églises de veiller soigneusement à l'éducation morale des enfants et de les confier à des maîtres d'une vertu éprouvée, qui non seulement les instruisent, mais encore soient les témoins de leur vie. Toute négligence dans la surveillance était punie avec la plus grande sévérité, même par la suspension de l'emploi. Pendant les heures des leçons, des

(1) *Vies des saints de Franche-Comté*, t. I, *Preuves*, n° VII, p. 589-590.
(2) *Mémoires de la Société d'émulation du Doubs*, 1867, p. 111.

anciens devaient y assister, pour que les écolâtres ne fussent pas entraînés à la paresse ou à des futilités (1).

Le but de ces écoles, le prélat le répète, était de fournir des prêtres aux églises; tout, dans l'enseignement, y tendait, et l'étude des arts libéraux n'en était que la préparation. Comme celles de Besançon étaient ouvertes à tous les enfants du diocèse, elles étaient fréquentées de préférence par les fils de grands seigneurs comtois, qui étaient assurés d'être pourvus, dans un délai plus ou moins long, d'un canonicat et même d'arriver à occuper le siège archiépiscopal. Beaucoup d'entre eux aimeront plus tard à rappeler qu'ils ont été élevés dans ces écoles. Tel Calixte II, devenu pape (2); tel l'archevêque Humbert de la Tour-Saint-Quentin, qui, en 1147, faisant une donation à la cathédrale Saint-Jean, dit que cette église « l'a nourri du lait de ses » bienfaits quand il était enfant, qu'elle l'a placé sur sa chaire » archiépiscopale quand il est arrivé à l'âge mûr et qu'elle le » soutient dans sa vieillesse avec le bâton d'une compassion » miséricordieuse (3). » En 1189, l'archevêque Thierry de Montfaucon, qui inventa au siège de Ptolémaïs (1191) un bélier cuirassé dont un auteur contemporain a célébré la merveilleuse structure, fondait son anniversaire dans l'église Saint-Etienne, « qui l'a nourri dès son berceau comme une tendre mère (4). » L'archevêque Gérard de Rougemont, également en fondant son anniversaire en 1222, déclare qu'il avait été élevé dès son enfance dans l'église Saint-Etienne (5). Comme les chanoines de cette église et ceux de Saint-Jean avaient le privilège de conférer par voie d'élection la dignité archiépiscopale, les écoles des deux cathédrales étaient assurées d'avoir toujours une clientèle de candidats pour l'une et l'autre fonction.

Hugues Ier réussit si bien dans son œuvre de réorganisation

---

(1) *Spicilegium* de d'Achery, t. II, p. 239; *Vies des saints de Franche-Comté*, t. I, p. 339-340; Richard, *Histoire des diocèses de Besançon et de Saint-Claude*, t. I, p. 243-245.

(2) Bulle du 10 novembre 1121 à l'archevêque Anseric.

(3) *Gallia christiana*, t. XV, *Instrum.*, col. 38.

(4) Cf. Duvernoy, *Régestes des archevêques de Besançon*, ms. de la bibliothèque de la ville, fol. 162 v°.

(5) *Ibid.*, année 1222; Richard, *Histoire des diocèses de Besançon et de Saint-Claude*, t. I, p. 466.

des écoles que, quand Pierre Damien, évêque d'Ostie et légat du pape, vint à Besançon, il fut émerveillé de ce qu'il avait vu. Parlant des écoles, il dit qu'elles « peuvent être comparées au » gymnase de la céleste Athènes, parce qu'on y enseigne avec » autant d'éclat que de succès les saintes lettres et les principes » d'une sage philosophie. » Ce témoignage, de la part d'un censeur si sévère des mœurs et de l'ignorance de son temps, n'est pas suspect (1).

Les noms de quelques-uns des écolâtres des différentes églises, à partir du XIe siècle, sont parvenus jusqu'à nous. Le plus ancien en date est Bernard, qui enseignait à Saint-Etienne. Il est mentionné ou figure comme témoin dans des documents de 1070, de 1081, de 1092 et de 1111 (2), à moins que, pour cette dernière date, il ne s'agisse d'un autre écolâtre, son homonyme. En cette même année 1111, Renaud dirigeait l'école de Sainte-Madeleine (3). Richard, son successeur, est cité dans une charte de 1123 (4). En 1131, 1133 et 1134, Zacharie, dit le Chrysopolitain, surnom qui provient de Chrysopolis, dénomination parfois donnée à Besançon à cette période du moyen âge, était écolâtre de Saint-Jean. Dans le document de 1131, il a la qualité de *doctor scholarum* ; dans ceux de 1133 et 1134, celle de *magister scholarum S. Joannis Evangelistæ*. Celui-ci est aussi souscrit par Gerland, le fameux écolâtre de Saint-Paul. Zacharie est très connu par sa Concorde des évangiles ou *In unum ex quatuor* (5). La *Candela juris* de Gerland, ses traités de comput, d'arithmétique, de dialectique et de musique, conservés dans plusieurs manuscrits des bibliothèques de France et même de l'étranger, sont certainement le recueil ou le résumé de ses leçons à Saint-Paul (6).

En 1223, les Dominicains s'établirent à Besançon. D'après un rapport publié contre les Jésuites à la fin du XVIIe siècle, on n'y étudiait plus alors la philosophie. Ils en inaugurèrent l'enseigne-

(1) *Opera S. Petri Damiani*, l. III, cap. v, ep. 8.
(2) Ms. 886 de la collection Moreau à la Bibliothèque nationale, fol. 442, 448 v° et 463, et *Gallia christiana*, t. XV, *Instrum.*, col. 15 et 19.
(3) Dom Grappin, *Histoire abrégée du comté de Bourgogne*, p. 146.
(4) Ms. 876 de la collection Moreau, fol. 93.
(5) *Histoire littéraire...*, t. XII, p. 481-486 ; mon article dans la *Bibliothèque de l'Ecole des chartes*, t. XXXIV, p. 580-582.
(6) *Histoire littéraire...*, t. XII, p. 274-279, etc.

ment vers 1240 (1). Leur méthode était uniforme pour toutes les maisons de l'ordre. Comme elle ne se rapporte qu'incidemment à mon sujet, je me bornerai à renvoyer à l'ouvrage de l'abbé Douais sur ce sujet. Un des lecteurs du couvent de Besançon, Gérard, a eu une certaine notoriété qu'il doit à une consultation théologique demandée à saint Thomas d'Aquin. Sauf la dernière question, cette consultation est d'une bizarrerie qui frise le ridicule. En voici le sommaire : 1° L'étoile qui apparut aux mages avait-elle la forme d'une croix ? 2° Ou ressemblait-elle à un homme ? 3° Ou représentait-elle le crucifix ? 4° La main de l'enfant Jésus a-t-elle créé les étoiles ? 5° La Vierge Marie méditait-elle sept fois le jour ces paroles du vieillard Siméon : *Tuam ipsius animam pertransibit gladius?* 6° Doit-on confesser les circonstances aggravantes du péché et faire connaître avec qui on a péché (2) ? Mais le couvent des Dominicains ne produisit pas que des hommes de cette valeur. Etienne de Besançon et Pierre de Baume, qui devinrent tous deux généraux de l'ordre, à la fin du XIIIe siècle et au milieu du XIVe, lui firent plus honneur par leur science. Leurs œuvres ont eu une réputation relative au moyen âge.

Les registres capitulaires prouvent qu'au XVe siècle il y avait, chez les Dominicains, outre les cours ou leçons, des actes solennels, des soutenances de thèses (3), et qu'au XVIe ils avaient, pour les enfants, une école dont le chapitre demanda la suppression (4).

Il parait qu'il y aurait eu également, dès le XIIIe siècle, au couvent des Cordeliers, fondé en 1226, une école, où un religieux, nommé Bernard, auteur d'un traité de logique, aurait professé (5).

La réunion des chapitres de Saint-Jean et de Saint-Etienne, en 1253, par le cardinal Hugues de Saint-Cher, entraîna la suppres-

---

(1) Droz, *op. l.*, t. I, p. 66.

(2) Cette consultation est imprimée.

(3) G 179, 19 novembre 1412, fol. 162 v°, et G 181, 9 juillet 1455, fol. 235 v°; dans ce dernier cas, il s'agit d'un médecin qui, ayant demandé à soutenir ses thèses dans l'église Saint-Jean, fut renvoyé aux Jacobins.

(4) G 195, 9 mars 1552, fol. 336.

(5) Dom Demandre, *Mémoire sur l'état des lettres, des arts et des sciences en Franche-Comté*, dans les Recueils manuscrits de l'Académie de Besançon, à la bibliothèque de la ville (concours), t. XXIX, fol. 534 et suiv.

sion de l'écolâtre de cette dernière église (1). Le premier écolâtre des deux chapitres réunis fut Pierre de Vaugrenans, mort en 1269. Il n'y eut, à part cela, rien de changé en ce qui concerne les clercs inférieurs et les écoliers, qui continuèrent à y résider, même après la suppression de la vie commune pour les chanoines. La fondation de l'hôpital de Sainte-Brigitte leur assura les soins en cas de maladie.

Une décision du pape, de l'année 1251, stipula que le Chapitre ne serait pas tenu de recevoir dans les écoles les enfants de ceux qui auraient tenté de s'emparer de ses biens ou de ses revenus. Cette mesure était prise dans le but de prévenir les conflits provoqués par l'hostilité de la commune contre les archevêques.

Aymon de Saint-Seine était écolâtre en 1279, Philippe de Verchamp en 1303, et Philippe de Scey en 1305 (2).

A la date de 1315, on trouve dans les statuts de l'église de Sainte-Madeleine un article relatif à la nomination du recteur des écoles dépendant de cette collégiale. Il nous apprend que le chanoine préposé à la direction de l'enseignement était nommé le mardi de l'octave de Pâques, pour entrer en charge à la S. Jean de l'année suivante. Cette collégiale était réputée pour la beauté du chant des offices. Le plain-chant et la musique y étaient particulièrement cultivés. En 1321, l'archevêque Vital, afin de les encourager, déclara qu'il réservait la plupart des bénéfices aux ecclésiastiques pourvus d'une belle voix (3).

Cette sollicitude pour l'instruction, nous ne la trouvons pas seulement chez les archevêques, nous la rencontrons dans toutes les classes de la société comtoise. Car, quoi qu'on en ait dit, le moyen âge n'a pas été absolument une époque de barbarie et d'ignorance, et la science ne s'était pas réfugiée que dans les cloîtres, ainsi qu'on le croit. L'*Histoire littéraire de la France* est là pour l'attester. Notre premier poète, Jean Priorat (mort vers 1288), dont j'ai eu l'honneur et le bonheur de mettre en lumière

(1) Richard, *Histoire des diocèses de Besançon et de Saint-Claude*, t. I, p. 515; Chifflet, *Vesontio*, 2e part., p. 273.
(2) Ms. 863 de la collection Moreau, fol. 503.
(3) Ms. 876 de la collection Moreau, fol. 372.

l'œuvre, le plus ancien monument de notre littérature locale, était citoyen de Besançon (1).

La généreuse pensée d'Othon IV, comte palatin de Bourgogne, qui, en 1282, avait voulu fonder une Université à Gray (2), fut reprise sous une autre forme par la comtesse Jeanne, fille de Philippe le Long et de la reine Jeanne. Cette princesse, après avoir constaté l'impossibilité qu'il y avait alors d'établir en Franche-Comté une Université viable, fonda à Paris, en 1331, sous le nom de collège de Bourgogne, et le dota richement, un établissement destiné à recevoir ceux de ses jeunes compatriotes qui voulaient se livrer aux hautes études. Leur nombre s'élevait à vingt (3). Dans les Testaments de l'Officialité de Besançon, j'ai trouvé l'indication de trois legs faits à ce collège, dont l'un, par Jean de Saint-Maurice, chanoine de Besançon et curé de Gray, avait pour objet d'augmenter les bourses des élèves, « *causa restitucionis » et remuneracionis bonorum a dicta domo per me habitorum et » receptorum* » (1376).

Il n'est pas hors de propos de rappeler ici que les bienfaits de cette fondation s'étendirent aux étudiants franc-comtois jusqu'à la Révolution. Lors de l'expropriation, en 1774, des bâtiments du collège de Bourgogne pour l'Académie royale de chirurgie, la municipalité de Besançon donna à l'abbé Guillaume, le fameux historien des sires de Salins, et à l'avocat Flusin pouvoir de sauvegarder les droits de la province en ce qui concernait les bourses affectées au collège. L'abbé Guillaume, qui habitait alors Paris, rédigea un mémoire à ce sujet. Le résultat de ces démarches fut le maintien au collège Louis-le-Grand de quinze bourses annuelles de 360 livres chacune (4).

C'est encore aux Testaments que j'emprunterai en grande partie la preuve que nos pères ne se désintéressaient pas complètement de l'instruction de la jeunesse. Si le sort des choriaux,

---

(1) Son poème *Li abréjance de chevalerie* vient de paraître à la librairie Didot, dans la collection des *Anciens textes français*.

(2) Gatin et Besson, *Histoire de la ville de Gray et de ses monuments*, p. 25 et 26 ; Crestin, *Recherches sur Gray*, p. 16 ; Beaune et d'Arbaumont, *les Universités franc-comtoises*, p. VIII-XVII.

(3) Les actes concernant cette fondation sont à la bibliothèque de Besançon, fonds Chiflet, n° 45, fol. 19-33.

(4) Castan, *Notes sur l'histoire municipale de Besançon*, p. 373 et 374.

élèves des *scholæ cantorum*, était assuré par la part qu'ils recevaient dans la mense canoniale, c'est-à-dire dans la portion des biens ecclésiastiques destinés à l'entretien du clergé et des serviteurs des églises, il n'en était pas toujours de même pour les enfants de la ville qui étaient admis dans les écoles. Un curieux document de 1223 nous apprend que, selon un usage qui n'était pas seulement particulier à Besançon, les écoliers allaient mendier leur pain de porte en porte. Cet usage donna lieu à un incident qui fit alors grand bruit. Les chanoines de Saint-Jean et de Saint-Etienne étaient en lutte pour la primaute des deux églises, lesquelles, jusqu'à une période assez avancée du moyen âge, avaient le titre de cathédrales. Les *scholares* avaient pris fait et cause pour leurs maîtres respectifs. Or, lorsque ceux de Saint-Etienne, leur provision faite, passaient par la Porte Noire pour monter jusqu'au rocher sur lequel s'élevait l'église, ceux de Saint-Jean ne manquaient pas de les accueillir à coups de pierres et de les maltraiter de toute sorte de façons. Il en résultait parfois de graves accidents, qui forcèrent les chanoines de Saint-Etienne de se plaindre au pape. Honorius III réprimanda l'archevêque Gérard de Rougemont de tolérer de pareils désordres et excommunia tous ceux qui, à l'avenir, molesteraient les écoliers et les empêcheraient de quêter dans le Chapitre et en ville (1223 et 1224) (1). A l'entretien des enfants il fallait aussi joindre celui des maîtres. En 1312, l'archevêque, pour venir en aide aux chanoines, qui semblent avoir été fort gênés parfois, dut accorder pour les recteurs une subvention de 100 livres estevenantes.

Ce ne sont pas seulement les nobles qui, comme les de Vienne, les Mouchet ou les de Beaumotte, font des legs à cette intention, mais je rencontre encore parmi les bienfaiteurs des écoles de simples citoyens, des bourgeois de Besançon, un curé de Gevingey, de bonnes femmes. Depuis 1262, sans parler des écoles rurales, je trouve pour celles de Besançon dix mentions de dons faits aux *primitivis scholarum* de Saint-Jean, de Saint-Etienne et de Sainte-Madeleine. En retour de leurs libéralités, souvent modestes et qui ont pour but d'assurer du pain aux enfants, les

(1) Richard, *Histoire des diocèses de Besançon et de Saint-Claude*, p. 469; Archives du grand séminaire.

testateurs demandent à ceux-ci de réciter pour eux quelques prières. Le plus important de ces legs est, outre celui de Jean Porcelet, dont j'aurai à m'occuper bientôt, celui de Berthod de Chalèze, qui laissa aux écoliers de Sainte-Madeleine 40 florins d'or, de façon que chacun d'eux eût 30 sous estevenants, somme assez élevée pour le temps (1359) (1).

Les écoliers avaient aussi quelques revenus leur appartenant en propre, comme, par exemple, la taille due par les habitants de Franois, laquelle se montait à vingt livres, plus quelques voitures de bois qu'ils devaient leur conduire. Le montant de ces rentes était perçu par les maîtres, qui les employaient à l'entretien, à l'habillement et à la nourriture de leurs élèves et en rendaient compte aux chanoines (2). Ces biens étaient pour ainsi dire considérés comme sacrés. Les revenus qu'ils possédaient sur les sauneries de Salins ayant été saisis à la suite d'une sentence judiciaire, Isabelle de Portugal, duchesse de Bourgogne, les leur fit rendre par lettres du 29 juillet 1434 (3).

---

(1) Introduction aux Testaments de l'Officialité.
(2) Cf l'enquête faite en 1434 contre Jean Hulst, recteur des choriaux de Saint-Jean, G 181, à la date des 10 mai, 30 juillet, 9 octobre, etc.
(3) G 175, n° XCV.

II

La situation des écoles de Besançon était, le plus souvent, en réalité assez précaire, et il suffisait d'un accident qui atteignît un peu gravement un des Chapitres, comme l'incendie de la cathédrale de Saint-Etienne et des maisons canoniales voisines (1349), pour que leur existence même fût menacée. C'est ce que comprit le chanoine Jean Porcelet, doyen de Sainte-Madeleine et trésorier du Chapitre métropolitain. En cette dernière qualité, il avait pu, mieux que tout autre, se rendre un compte exact des difficultés de leur entretien. Aussi, avant de mourir, voulut-il assurer le sort de ceux des écoliers dont l'utilité lui paraissait le plus évidente, les enfants de chœur. Par son testament du 2 août 1368, il léguait à l'église de Saint-Jean pour l'institution de six choriaux et d'un maître spécialement attaché à eux une somme de 500 florins d'or devant rapporter une rente de 120 livres. Cette dotation fut affectée à l'achat de quartiers sur le puits à muire de Salins (1).

La fondation de Jean Porcelet ne semble pas avoir donné de trop mauvais résultats, puisque, moins de vingt ans après, en 1387, le cardinal Thomas de Naples, venu à Besançon afin de réformer le Chapitre, jugeait bon d'établir à Saint-Etienne quatre choriaux. Ces derniers étaient à la nomination et à la révocation des chanoines, présidés par le doyen. Comme pour les choriaux

(1) Ms. 865 de la collection Moreau, fol. 316.

de Saint-Jean, la pension assignée à chacun était de 20 livres par an, à prendre sur l'hoirie de Hugues de Clerval, chanoine de Besançon et archidiacre de Luxeuil, mais le capital de cette somme n'existant pas, il fut décidé que les frais de leur entretien et de celui du maître, qui devait être prêtre(1), seraient pris sur la première prébende qui serait vacante et, en attendant, fournis par un versement annuel de 80 livres, payables par le Chapitre, moitié à la Toussaint, moitié à la Pentecôte. Un tiers des collations et des réfections données aux chanoines à l'occasion de certaines fêtes était également prélevé à cet effet. En outre, les nouveaux chanoines faisaient au profit des choriaux une largesse qui devait être d'un florin au moins (2).

Nous trouvons dans les règlements du cardinal de Naples les conditions exigées pour l'admission des enfants de chœur. Ils devaient être âgés de plus de sept ans et de moins de quinze, être présentés par leurs parents ou des répondants honorables, qui affirmaient sous la foi du serment qu'ils étaient nés de légitime mariage, et s'engageaient à les laisser à la disposition du Chapitre jusqu'au jour où leur voix viendrait à changer. Puis le sous-chantre et les maîtres ou recteurs leur faisaient subir un examen sommaire, lequel avait principalement pour but de s'assurer de la beauté de leur voix. Une fois admis, les choriaux avaient la tête rasée, portaient la tonsure *juxta morem Ecclesie gallicane*, et ils endossaient la soutane rouge. Toutes les admissions sont soigneusement consignées dans les registres capitulaires.

Les maîtres et les élèves étaient tenus de résider dans une maison canoniale, près de l'église à laquelle ils étaient attachés. Ils ne pouvaient, sans permission, s'absenter pendant un mois, sous peine de destitution. Dans les autres circonstances, l'exclusion n'avait lieu que pour des motifs graves; elle n'était prononcée qu'à l'unanimité des suffrages des quarante-cinq chanoines. A dix-sept ou dix-huit ans, les choriaux obtenaient

(1) Dunod, *Histoire de l'Eglise de Besançon*, t. I, Preuves, p. XXXVI; — Archives du Doubs, fonds du chapitre, G 175, n° LXXVII.

(2) Cf., par exemple, G 180, 4 mars 1414, fol. 11, la décision prise par le Chapitre à l'occasion de la réception de Jean Jouffroy, qui devint plus tard cardinal.

de droit une des chapelles vacantes dans chacune des deux cathédrales. A leur défaut, elles étaient accordées aux autres clercs qui avaient été élevés et instruits dans les écoles de ces deux églises (1).

Dès 1368, les choriaux formèrent le noyau permanent des écoles capitulaires. Au point de vue de l'instruction et de la discipline, ils étaient sous la direction de l'écolâtre, qui avait sous ses ordres le sous-chantre et les maîtres. Les délibérations du Chapitre, du xive et du xve siècle, déterminent les qualités requises des écolâtres. On exige d'eux la connaissance des divines Ecritures et celle des sciences profanes, l'astronomie, l'arithmétique, la géométrie, la musique, la rhétorique et la poésie. Les éléments de ces diverses sciences, qui constituaient le *trivium* et le *quadrivium*, étaient enseignés aux écoliers. Les choriaux cultivaient particulièrement le chant et la musique. La principale application de ce que l'on pourrait appeler l'enseignement scientifique consistait dans le comput ecclésiastique ; elle n'était pas inutile à une époque où, quand on voulait avoir un calendrier, il fallait sinon l'établir soi-même, au moins le copier.

Il nous est parvenu le texte de plusieurs engagements passés avec le Chapitre pour l'instruction et l'entretien des choriaux. Par exemple, le 20 septembre 1413, Hugues de la Loye se charge, pour une période de trois ans, moyennant 100 francs pour la première année et 100 florins pour chacune des deux autres, de bien instruire les six choriaux de Saint-Jean dans la musique, la lecture, la prononciation et la grammaire, de les conduire à l'église, d'assister avec eux aux offices, de les ramener à leur maison et de les nourrir convenablement (2). C'est la clause pour ainsi dire ordinaire des engagements de ce genre. A Saint-Etienne, le 12 septembre 1414, Jean Millenet, curé de Saint-Vit, contracte la même obligation ; de plus, il fournira aux choriaux les vêtements, chapes, aubes, chaussures, etc., le tout pour la somme de 24 livres estevenantes et les revenus de la prébende de Franois, des vignes de Clemtigney, de Chau-

(1) Archives du Doubs, fonds du Chapitre, délibérations capitulaires, *passim*.

(2) G 178, fol. 12 v°.

danne, de la chapelle Saint-Michel à l'église Saint-Etienne, etc.(1)

Sauf de très rares exceptions, ces engagements étaient scrupuleusement tenus. D'ailleurs, le Chapitre, c'est une justice à lui rendre, apportait une sollicitude de tous les instants aux divers détails de l'administration : allocations de vêtements, réparations aux maisons des choriaux, soins à donner à ceux-ci en cas de maladie, etc. S'il y avait oubli de sa part, les choriaux ne manquaient pas de réclamer ; de même les recteurs, surtout quand leur salaire se faisait attendre (2).

Lorsqu'en raison de leur âge ils avaient cessé de faire partie des choriaux, ceux qui se destinaient à la carrière ecclésiastique, c'étaient la plupart, déposaient l'habit rouge pour revêtir la soutane, le surplis et l'aumusse grise des chapelains, car ils étaient dès lors titulaires d'une chapelle, puis, avant d'entrer dans les ordres à l'âge requis, ils étudiaient, avec les autres clercs, la philosophie et la théologie. Ils recevaient alors la modeste somme de 20 sous. Dans les cérémonies et aux offices, ils avaient le pas sur les choriaux (3). Il arrivait bien de temps en temps que quelques-uns désertaient l'Eglise. Dans ce cas, non seulement le Chapitre ne leur devait plus rien, mais il pouvait avoir recours contre les parents, *virtute obligationum* (4). Des fondations permettaient aux plus pauvres d'entre eux d'aller, sans bourse délier, suivre les cours de droit ou de médecine dans les Universités de Paris, de Bologne ou de Pavie (5). A Paris, le collège de Bourgogne était, je l'ai dit, l'asile qui s'offrait naturellement aux jeunes Comtois ; ailleurs, le legs d'un chanoine, Philibert Pourtier, qui avait, dans cette intention, laissé un capital de 500 livres, permettait de disposer, pendant trois ans, de bourses de 30 francs en faveur d'étudiants peu fortunés. Il y eut, plus tard, d'autres fondations de ce genre, qui dénotent chez ceux qui les avaient faites autant de largeur

(1) G 178, fol. 18. — J'ai trouvé, à la date du 19 juillet 1447 (G 181), l'obligation une fois imposée aux parents de fournir à leurs enfants admis comme choriaux leur costume de chœur et leurs vêtements.

(2) Registres capitulaires, *passim*.

(3) G 181, 12 octobre 1452, fol. 60 v°.

(4) Cas de Jean de Quingey, G 179, 21 avril 1438, fol. 46 v°.

(5) Cf., par exemple, G 185, fol. 251.

d'esprit que de générosité. La création de l'Université de Dole, en 1422, devait, au point de vue des hautes études, donner à nos compatriotes toutes les facilités désirables. Aussi, dès cette époque, le Chapitre de Besançon décida-t-il que ceux qui avaient obtenu leurs grades dans les Universités devaient être mis sur le même rang que les nobles aspirant au canonicat, et que nul ne serait admis au nombre des chanoines s'il n'était noble ou maître ès arts, ou au moins bachelier en l'un et l'autre droit (1).

Les bibliothèques des Chapitres étaient accessibles aux écoliers. Les ouvrages que nous appellerions classiques semblent avoir été conservés dans la petite « librairie » de Saint-Jean. C'est là du moins que l'on allait chercher les traités de grammaire mis à la disposition des choriaux (2). Les délibérations capitulaires nous ont conservé quelques-unes des dispositions qui régissaient les bibliothèques. Plusieurs des manuscrits étaient enchaînés et ne devaient être communiqués au dehors sous aucun prétexte. La porte était ouverte et fermée par un surveillant nommé matriculaire, qui vérifiait si les livres consultés étaient en bon état (3).

L'étude n'était pas l'unique occupation des choriaux. Les cérémonies religieuses leur prenaient une partie de leur temps. Leurs fonctions ecclésiastiques leur procuraient certains petits avantages. Aux grandes fêtes, ils étaient de droit les hôtes de l'officiant, même de l'archevêque. Le repas qui leur était dû de ce fait pouvait être racheté pour la somme de 3 livres. Ils participaient aussi à diverses redevances en nature fournies au Chapitre, comme, par exemple, à la distribution de pâtés d'agneau, à Pâques, des prunes précoces, du raisin nouveau et des cugnots ou pains au lait (4).

---

(1) Statut du 9 août 1430, G 175, n° xciv, souvent renouvelé.

(2) Conclusions du 2 janvier 1459, dans G 182, fol. 223 v°.

(3) M. Jules Gauthier, dans son Inventaire des archives de la série G, actuellement sous presse, qui m'a fourni nombre de renseignements, a relevé sur les bibliothèques des deux Chapitres des particularités intéressantes. Voir notamment les art. G 179, années 1440 et 1441, G 181, année 1446, G 181, année 1456, G 182, année 1460, G 183, année 1463.

(4) La distribution des cugnots dus aux choriaux ayant cessé pendant quatre ou cinq ans, ils réclamèrent, le 24 décembre 1447, le retour à l'ancien usage. G 181, fol. 197 v°.

Cet usage donna lieu, le 28 juillet 1404, à un incident très vif, qui a conservé dans l'histoire locale la dénomination de *past des fèves*. De temps immémorial, l'anniversaire de la mort de l'archevêque Hugues Ier était célébré dans l'église Saint-Paul, où il avait sa sépulture. Le service religieux y était fait par le Chapitre et les écoliers; un repas leur était ensuite servi aux frais du monastère. Cette année-là, l'abbé Henri de Fallerans, qui venait de perdre un procès contre les chanoines, résolut de se venger. Il s'en prit aux écoliers, au nombre d'une quarantaine, qui, déjà assis à table, attendaient impatiemment le repas, composé, comme d'habitude, de pain blanc, de fèves cuites au lard, de bœuf à l'ail, de gelée de riz, de porc rôti, de salade, de poires, de vin blanc et de vin rouge. Entrant furieux, avec deux de ses religieux, Jean de Matis et Jean Bassand, il se précipita sur les écoliers, en criant : « Sus ! de par le diable ! sus ! fuer ! » fuer ! », bouscula, frappa et mit à la porte Geoffroy Roland et Hugues Sauvageot, de Salins, Jean Gomet, de Saint-Hippolyte, et Jacques Luresse, d'Arpenans. De leur côté, Jean de Matis et Jean Bassand tombèrent sur Jean Gasconnet, de Bouhans, Jean Debois et Pierre de Saunot. Les autres, pour n'être pas malmenés à leur tour, s'empressèrent de déguerpir, sans avoir goûté aux fèves au lard traditionnelles. A la suite de cette échauffourée, les chanoines voulurent faire un procès à l'abbé de Saint-Paul, qui reconnut être allé un peu trop loin (1). Il rétablit le repas, qui se continua presque sans interruption (2) jusqu'en 1665, époque où cette servitude fut rachetée pour une somme de 100 francs, sur laquelle les écoliers reçurent chacun 5 sous.

Les choriaux et les écoliers avaient aussi, avec les clercs et les officiers inférieurs des églises, une grande part dans les représentations des mystères et des moralités qui, à des époques déterminées, avaient lieu dans les cathédrales de Saint-Jean et de Saint-Etienne. Je ne saurais dire à quelle époque remontent ces représentations. La plus ancienne mention que l'on en trouve dans les registres capitulaires est du 9 juillet 1421. Elle se rap-

(1) Ms. 868 de la collection Moreau, fol. 327.

(2) Lorsqu'il n'avait pas lieu, il était donné aux choriaux une compensation en argent.

porte au jeu dit des Apôtres, donné, chaque année, à Saint-Etienne le jour de l'Ascension et à Saint-Jean à la Pentecôte. Cette année là, les personnages qui y figuraient eurent un quartier de mouton, un setier de vin et six pains blancs ou 10 sous de bonne monnaie (1). Pour 1434, il existe une mention presque identique (2). Enfin, le 2 août 1441, deux setiers de vin sont alloués aux choriaux qui devaient figurer dans une moralité le jour de l'Invention de S. Etienne (3). J'aurai à revenir ailleurs sur cette intéressante question des mystères.

La fête des fous ou des Innocents était celle de nos écoliers, qui recevaient pour la circonstance une somme de 60 sous. Cette fête, dont l'origine se confond presque avec celle de l'Eglise de Besançon, commençait le 27 décembre, à l'office du soir, par des bouffonneries sans nom, des parodies burlesques des cérémonies religieuses auxquelles, pour la grande joie du public, participait tout le personnel des cathédrales, déguisé, travesti, affublé de masques et de fausses barbes. Le principal personnage était le « pape », un chorial élu, l'année précédente, par ses camarades.

De l'église le spectacle passait dans la rue, comparable en tout aux scènes du carnaval le plus extravagant : défilé de bedeaux, de porteurs de bannières, de chanoines et de dignitaires authentiques du chapitre, suivi du personnel subalterne des églises, des écoliers, du char de triomphe dans lequel trônait le « pape », entouré du cardinal, de l'archevêque, de l'évêque et de l'abbé des fous, tout ce monde criant, chantant, s'agitant, quêtant sur son passage, notamment devant les églises, les abbayes et les couvents, pour le repas qui devait terminer la journée.

A part les excentricités des écoliers dans cette fête, qui n'était pas particulière à Besançon et qui fut supprimée officiellement en 1585, en vertu de décisions du concile de Trente (4), je n'ai constaté, en faisant le dépouillement des registres capitulaires,

(1) G 178, fol. 63.
(2) G 181, fol. 140 v°.
(3) G 179, fol. 108 v°.
(4) Sur la fête des fous à Besançon, voir particulièrement l'intéressant article de M. Jules Gauthier, dans les *Mémoires de l'Académie de Besançon*, séance du 25 janvier 1877, p. 183-216.

que de rares plaintes sur leur conduite pendant cette première période. Voici les seules observations que j'aie faites : ordre aux choriaux d'aller à l'église avec des vêtements décents, c'est à dire avec une tunique longue qui ne laisse pas apercevoir les jambes nues ou les bas blancs (1) ; ordre à ceux de Saint-Jean d'avoir meilleure tenue aux offices (2).

Il en est de même pour les recteurs. Un seul, Jean Hulst, qui fut d'abord à la tête des écoles de Saint-Jean, puis de Saint-Etienne, en 1453 et 1454, fut, avant 1464, l'objet de mesures disciplinaires. Accusé, à plusieurs reprises, de négliger l'instruction de ses élèves, de ne pas leur donner une nourriture suffisante, de s'absenter, pendant les repas, et d'aller chez un « tombier, » sommé d'avoir à s'expliquer sur divers propos injurieux et insolents qu'il avait tenus, il fut remplacé par Othenin Perrut ou Perrot (3) et, après une longue enquête sur son administration, obligé de rendre gorge.

Outre les écoles capitulaires et l'école de Sainte-Madeleine, il y avait, au xve siècle, une école à l'hôpital de Sainte-Brigitte. On en trouve la première mention à la date du 6 juillet 1431, où le Chapitre décide qu'il y a lieu de réparer le bâtiment affecté à l'école (4) ; un peu plus tard, le 21 novembre 1441, il sera fait une information pour savoir si la direction appartient au recteur de l'hôpital ou à l'écolâtre (5) ; la réunion de Sainte-Brigitte, le 8 avril 1444, à la chantrerie de Saint-Jean, prononcée par la cour de Rome, la plaça sous l'autorité de l'écolâtre (6). Enfin ce fut sans doute pour lui donner un peu plus d'importance et lui permettre de lutter ainsi contre la concurrence de quelques écoles privées qui s'étaient créées à Besançon, concurrence dont les recteurs de Sainte-Brigitte et de Sainte-Madeleine se plaignaient au Chapitre (7), que celui-ci résolut de faire suivre les cours de grammaire de Sainte-Brigitte par les choriaux de Saint-

(1) G 179, 14 mai 1333, fol. 126.
(2) G 180, 22 décembre 1445, fol. 96 v°.
(3) G 181, mai-octobre 1454.
(4) *Notabilia capituli*, G 230, p. 15.
(5) G 179, fol. 168.
(6) *Notabilia capituli*, G 230, p. 17.
(7) G 180, 26 avril 1447, fol. 167.

Jean (26 mars 1455) (1). C'est apparemment en 1459 que la même mesure fut prise pour ceux de Saint-Etienne, si j'en juge par une décision assez obscure du Chapitre, en date du 2 janvier de cette année (2).

Jusqu'ici, je n'ai guère parlé que des choriaux. Avec d'autres enfants venus de divers points de la province, ils formaient l'internat des écoles capitulaires. Mais ces écoles étaient ouvertes gratuitement à tous les enfants de la ville. Ces derniers suivaient les mêmes leçons que les choriaux ; seulement ils n'étaient pas tenus d'assister aux offices des cathédrales et de prendre part aux cérémonies religieuses.

Le 17 août 1464, Robert Prévôt, Léonard des Potots et Viard d'Achey, gouverneurs de Besançon, vinrent, de la part de la municipalité, demander au Chapitre de réunir les écoles de Sainte-Brigitte et de Sainte-Madeleine (3). Après d'assez nombreux pourparlers auxquels furent mêlés les chanoines de Sainte-Madeleine, il fut d'abord décidé, le 19 décembre, par la majorité du Chapitre que, dans le cas où l'union projetée aurait lieu, la présentation des recteurs serait faite par la ville et la nomination par le Chapitre et par les chanoines de Sainte-Madeleine (4). Le mode de présentation fut de nouveau discuté; le droit de nomination fut réservé au grand-chantre (5) ; plus tard, le Chapitre stipula que toutes les dispositions relatives à la réunion des écoles ne pourraient être prises que par lui, d'accord avec les chanoines de Sainte-Madeleine (6) ; enfin, le 13 mars 1465, il fut convenu que les diverses questions se rapportant à cette affaire seraient déférées à l'archevêque (7).

De tout temps, les relations entre l'autorité ecclésiastique et les gouverneurs de la ville ne furent rien moins que cordiales. Les lenteurs du Chapitre ne firent qu'exaspérer ceux-ci. Il résulte d'une délibération capitulaire du 27 septembre 1465 qu'ils

---

(1) G 181, fol. 219.
(2) G 182, fol. 223 v°.
(3) G 183, fol. 195 v°.
(4) *Ibid.*, fol. 219 v°.
(5) *Ibid.*, fol. 220.
(6) *Ibid.*, fol. 225 v°.
(7) *Ibid.*, fol. 231 v°.

n'attendirent pas le consentement de l'archevêque et du Chapitre, car, à cette époque, l'école, dite de grammaire, de Sainte-Madeleine avait été remplacée par des écoles « générales » dans lesquelles vinrent se fondre celles de Saint-Jean et de Saint-Etienne(1). Le Chapitre ne put que protester contre le fait accompli, et les nouvelles écoles semblent avoir fonctionné, dès cette année, dans un local de la rue qui, jusqu'à nos jours, a conservé le nom de « rue de l'Ecole ».

Quant à celles de Sainte-Brigitte, elles continuèrent à être affectées plus spécialement aux choriaux et aux suppôts du Chapitre. Vers la fin du xve siècle, elles furent cédées à la ville, qui les installa près de Chamars, « où, dit un rapport au Parlement, » estoient anciennement les escholes municipales entretenues » des deniers publics du temps des Romains(2). » Elles n'en restèrent pas moins sous le contrôle des écolâtres.

Voici, pour le xve siècle, jusqu'à 1464, les noms des écolâtres et des recteurs des écoles et des choriaux que j'ai trouvés soit dans les registres capitulaires, soit dans l'Inventaire de M. Jules Gauthier, soit dans les comptes de la ville de Besançon :

Ecolâtres : Gilles Grusignot, avant 1431(3) ; — Thiébaud Domo, qui résigne ses fonctions en 1440 ; — Léon Basan, nommé le 20 août 1440 et mort à la fin du mois de septembre suivant ; — Etienne Romain, 1440 ; — Etienne de Belvoir, peut-être le même, 1460 ; — Jean Bourjaud, *al.* Boussaud, 6 septembre 1460, mort le 19 juillet 1471.

Recteurs des choriaux ou maîtres des écoles de Saint-Jean : maître Hugues, peut-être Hugues Buet (cf. G 177, fol. 12 v°), 1405 ; — Hugues de la Loye, 1413 ; — Jean Cordier, de Clerval, 1422 ; — de nouveau, Hugues de la Loye, 1426 et 1429 ; — Jean Regnaudet, 1435 ; — Nicolas ?, 1437 ; — Germain Watree, *al.* Vautier, 1441 ; — Thiébaud Brun, 1447 ; — Thierry de Vitry,

(1) G. 183, fol. 280.

(2) S. Droz, *Recherches historiques sur la ville de Besançon, première partie, collège*, p. 16.

(3) Indiqué comme tel dans Beaune et d'Arbaumont, *les Universités franc-comtoises*, p. 187.

1449(1); — Jean Hulst, 1453, ensuite à Saint-Etienne ; — Girard d'Amathay, 1455.

Recteurs des choriaux ou maîtres des écoles de Saint-Etienne : Richard Moine, avant 1414 ; — Jean Millenet, de Vercel, curé de Saint-Vit, 1414 ; — Jean Comte, 1432 ; — Mathieu Etienne, 1437 ; — Nicolas Paquet, 1440 ; — Jean le Gentilhomme, 1441 ; — Jean de Maty ou Macy, 1444 ; — Jean Hulst, 1453 ; — Othenin Perrut ou Perrot, 1454 ; — Hugues Petitot, 1455 ; — Léonard Marchand, recteur des écoles, en 1456, avec Hugues Petitot pour adjoint ; — Jean de Bault, recteur des écoles, 1457 ; — de nouveau, Léonard Marchand, 1459 ; — Jacques Mougel, 1464.

Sainte-Brigitte : Simon, co-recteur des écoles, 1463.

Je n'ai rencontré aucun nom de recteurs pour les écoles de Sainte-Madeleine.

De même, les documents relatifs à l'instruction des femmes à Besançon sont d'une excessive rareté. Je n'en connais qu'un s'y rapportant. C'est un passage du testament de Catherine de Ronchamp, femme d'Etienne Mouchet, en date du 7 août 1349, par lequel elle lègue aux sœurs Mineures de Besançon une robe de mabre rouge, pour qu'elles s'occupent avec zèle (*sollicite*) de l'éducation des enfants d'Alix de Montmartin, sa fille (2). Mais si nos mères n'étaient pas toutes lettrées, il y en eut, du moins, dès une époque reculée, qui appréciaient les bienfaits de l'instruction, comme Béatrix de Morteau, qui, en 1262, fait des legs pour les écoliers pauvres de Besançon, et eut, plus tard, des imitatrices en Guyette, veuve de Perrenin de Montferrand (1310), Isabelle Grayshuille (1321), Simonnette, veuve de Gérard Chifflet (1334). Leurs noms méritent d'être associés à celui de la comtesse Jeanne, fondatrice du collège de Bourgogne (3).

---

(1) Dans le registre des comptes municipaux de 1448-1449, on peut voir de lui une quittance autographe, dans laquelle il prend la qualité de « maistre et administrateur des choriaulx de Saint-Jehan de Besançon. »

(2) N° 60 de mes Testaments de l'Officialité.

(3) Introduction aux Testaments de l'Officialité.

III

La réunion des écoles bisontines fut, sans aucun doute, le résultat d'un projet que, pendant près de deux siècles et demi, la municipalité poursuivit avec plus de tenacité que de bonheur, l'établissement d'une Université à Besançon. La légitime célébrité que, grâce au mérite de ses professeurs, s'était déjà acquise celle de Dole, bien que de fondation récente, — elle remontait à 1422 seulement, — avait inspiré aux gouverneurs de Besançon un désir immodéré sinon d'en déposséder la ville de Dole, au moins de voir doter leur cité d'une institution semblable. Une occasion se présenta, qui leur permit, un instant, de croire que leurs vœux étaient exaucés. C'était en 1450. Trois co-gouverneurs de Besançon, Jacques Mouchet, Perrin Jouffroy et Pierre Bonvalot, avaient été députés à Rome auprès du pape Nicolas V pour demander que l'interdit lancé contre la ville par l'archevêque Quentin Ménard, dont le château de Bregille avait été détruit par les Bisontins, fût levé. Ils obtinrent satisfaction à la condition que le château serait réédifié et qu'une indemnité serait payée à l'archevêque. Ils firent au pape un tableau enchanteur de la fertilité de leur sol et de la salubrité de leur ville, salubrité à laquelle les innombrables épidémies de peste qui décimèrent Besançon, du xve au xviie siècle, devaient donner un si cruel démenti ; ils le sollicitèrent d'une façon tellement pressante que

Nicolas V céda. Par une bulle du 17 avril 1450 (1), il leur accorda non une Université, mais une faculté des arts, avec une partie des privilèges dont jouissaient les grandes Universités. Si la faculté n'avait pas précisément le droit de conférer les grades, elle avait celui de présenter à l'archevêque de Besançon, à défaut à son représentant ou à l'official, les candidats à chaque grade, même à celui de docteur. L'abbé de Saint-Paul, le chantre de la cathédrale et le doyen de la collégiale de Sainte-Madeleine étaient institués conservateurs des privilèges de la nouvelle faculté et protecteurs des maîtres et des étudiants (2).

Cette bulle fut lue solennellement, au son des cloches, le 2 juillet 1450, dans l'église Saint-Jean, en présence d'une foule nombreuse que cette bonne nouvelle ne pouvait manquer d'enthousiasmer. Comme il fallait le consentement de Philippe le Bon, duc de Bourgogne, Pierre Bonvalot fut délégué auprès de lui pour l'obtenir, mais il semble avoir échoué dans sa mission. Il serait trop long de raconter par le menu toutes les démarches qui furent faites dans la suite pour arracher au duc l'autorisation tant convoitée : envoi d'une délégation à Pontarlier auprès du cardinal Jean Rolin, évêque d'Autun, qui se rendait à Rome, afin qu'il intervînt auprès du chancelier, son père (3) ; envoi de Jean Jouard, maître des requêtes de l'hôtel de Philippe le Bon, et de Léonard des Potots auprès de celui-ci ; envoi d'une troisième mission dans les Flandres. Philippe, qui avait de bonnes raisons pour n'être pas agréable aux Bisontins, qui n'en avait aucune pour être désagréable aux Dolois, refusa net. Il estimait, justement, qu'une seule Université était suffisante pour le comté de Bourgogne. Les Bisontins en furent donc pour les frais de voyage de leurs députés et pour leurs cadeaux, qui atteignirent un chiffre respectable (4).

La prise de Dole par les Français servit à souhait le projet que

---

(1) C'est à tort que MM. Beaune et d'Arbaumont, *les Universités franc-comtoises*, qui seront souvent pour moi un précieux guide, attribuent la date de cette bulle au mois de mai 1450 ; elle est du 15 des calendes de mai, par conséquent du 17 avril.

(2) Le texte de la bulle de Nicolas V est dans Beaune et d'Arbaumont, *op. l.*, p. 24-27, et aux archives municipales, layette 39.

(3) Archives municipales de Besançon, BB 5, 1er octobre 1452, fol. 122.

(4) Voir Beaune et d'Arbaumont, *op. l.*, p. CLXXXII-CLXXXV.

Besançon n'avait pas un jour cessé de caresser. Avec un rare empressement la vieille cité impériale reconnut le nouveau maître que le sort des armes venait de donner à la Comté. En même temps qu'elle se plaçait spontanément sous la protection de Louis XI, elle lui faisait demander le transfert de l'Université de Dole à Besançon. Elle n'invoquait plus, cette fois, sa salubrité et la fertilité de son sol, mais sa beauté et la science de nombre de ses citoyens. Par lettres patentes du mois de mars 1481, datées du Plessis-les-Tours, le roi accorda à Besançon les facultés de droit civil et de droit canon, de théologie, de médecine, de philosophie, d'arts et grammaire, avec le droit de collation de tous grades et les privilèges dont jouissait l'Université de Dole (1).

Mais la ville avait compté sans la fourberie qui était la marque distinctive du caractère de Louis XI. L'Université n'avait pas encore fonctionné que, deux ans après, au mois de janvier 1483, sous l'influence de son médecin, Jean Coitier, de Poligny, qu'il avait fait premier président de la Chambre des comptes de Paris, elle était transférée à Poligny (2). Charles VIII la rendit à Dole, le 8 mars 1484 (3).

Il est à peine besoin de dire que la déception éprouvée à Besançon fut aussi vive que les rêves avaient été brillants, d'autant plus brillants qu'ils avaient été sur le point d'être une réalité.

Pendant ce temps, Jean Rolin, évêque d'Autun, qui n'avait pas pu faire accorder par le duc aux Bisontins une faculté des arts, s'efforçait de réorganiser les écoles de Saint-Jean et de Saint-Etienne en édictant, le 11 décembre 1471, des statuts qui rappellent ceux du cardinal Thomas de Naples (4). C'est que la discipline scolaire semble avoir alors laissé passablement à désirer. Les maîtres se désintéressaient de leurs élèves. Ils les envoyaient dans la ville faire leurs commissions (5). Les recteurs de Saint-

(1) Le texte de ces lettres patentes a été publié par Beaune et d'Arbaumont, *op. l.*, p. 28-31.
(2) *Ibid.*, p. 31-32. – Archives municipales, layette 30.
(3) *Ibid.*, p. 33.
(4) G 177, p. 7-9. Voir plus haut, p. 13 et 14.
(5) G 183, 4 juin 1465, fol. 255.

Jean et de Saint-Etienne étaient vivement réprimandés pour négliger l'enseignement de la grammaire et de la musique et pour manquer de surveillance (1). Comme Jean du Peutich, de Béthune, recteur de Saint-Etienne, n'en avait tenu aucun compte, il était menacé de révocation (2). A Saint-Jean, la situation ne s'était pas améliorée (3). Jean du Peutich avait demandé à y être transféré, mais là, comme à Saint-Etienne, son administration avait été si déplorable qu'il s'attira des remontrances (4) à la suite desquelles il dut donner sa démission. Il n'en obtint pas moins une chapellenie.

Un de ses successeurs, Jean Durand, après avoir été blâmé pour avoir conduit ses choriaux dans une maison particulière, à l'insu du Chapitre (5), dut, à son tour, se retirer, car, le 18 février 1511, on s'occupait de lui trouver un remplaçant. François Symard, qui devint plus tard évêque *in partibus* de Nicopolis, refusa cette peu enviable succession (6). Le 21 mai suivant, le chapitre décidait qu'il y aurait lieu d'écrire à Paris pour chercher un recteur capable de diriger les écoles de Saint-Jean (7). Il crut l'avoir découvert en la personne de Jean Sorquet, maître ès-arts, qui a, en 1512, le titre de recteur du gymnase de Saint-Jean.

A Saint-Etienne, où Hugolin Folain, doyen du Chapitre et ancien chorial de cette église, avait, par son testament du 5 mai 1476, fait une fondation pour l'entretien de quatre nouveaux enfants de chœur et d'un maître, à la condition qu'ils jetteraient, chaque jour, de l'eau bénite sur sa tombe en disant : *Anima ejus et animae omnium fidelium defunctorum requiescant in pace, amen* (8), à Saint-Etienne le rectorat était souvent et longtemps vacant.

Etait-ce une plaisanterie? Le 16 novembre 1509, Etienne Quarmelot, vigneron et citoyen de Besançon, sollicita cette fonc-

(1) G 185, 10 juillet 1476, fol. 293.
(2) *Ibid.*, 26 novembre 1477, fol. 390.
(3) G 186, 18 juillet 1481, fol. 148.
(4) G 187, 28 mai 1484, fol. 22.
(5) G 190, 23 septembre 1510, fol. 470.
(6) *Ibid.*, fol. 479.
(7) *Ibid.*, fol. 486 v°.
(8) G 281, original. Sur Hugolin Folain, voir la notice par Auguste Castan, dans les *Mémoires lus à la Sorbonne en 1864*, p. 59-73.

tion (1). Je ne sache pas que sa proposition ait été acceptée.

A Sainte-Brigitte, la situation n'était guère meilleure. Ce sont les écoliers eux-mêmes qui se plaignent au Chapitre de leur recteur. Il leur est répondu d'avoir à en trouver un autre et qu'on l'agréera (2). Sa succession est briguée par Claude Vauchier de la Tour du May (3). En ce même temps, le Chapitre demande la construction d'une maison pour les écoles (4). Geoffroy, le recteur, s'adresse aux gouverneurs de la ville afin d'obtenir le paiement de son salaire pour avoir, depuis six ans, enseigné la grammaire aux choriaux ; les gouverneurs le renvoient au Chapitre, qui, à son tour, le renvoie aux recteurs des choriaux (5). Au mois de septembre 1487, il renouvelle sa réclamation (6), mais quel recours pouvait-il bien avoir auprès d'un Chapitre qui en était réduit à faire vendre, par les soins de l'écolâtre, au plus offrant, un manuscrit en parchemin, contenant les Heures de la Vierge et provenant de la succession d'Etienne de Belvoir ! (7)

Par contre, le Chapitre trouvait, de temps à autre, le moyen d'allouer aux choriaux, pour leur permettre de célébrer la fête des fous, 60 sous estevenants, la somme que le recteur Geoffroy sollicitait pour son salaire. En 1469, on allouait également 6 francs et trois quarrils de vin pour la dépense des mystères qui devaient être joués le jour et le lundi de Pâques (8). Au plus fort de la détresse, en 1487, on représentait aux fêtes de S. Pierre ès liens et de l'Invention de S. Etienne le mystère de la Passion des SS. Ferréol et Ferjeux (9) ; en 1500, le jour de Pâques, le mystère de la Résurrection était joué dans l'église de Saint-Jean, en présence de l'archevêque (10). Si les écoliers n'étudiaient guère, ils s'amusaient.

Par ce rapide exposé, il est facile de voir que la décadence des

---

(1) G 190, fol. 470.
(2) G 185, 10 mars 1472, fol. 129 v°.
(3) G 185, 31 août 1472, fol. 110.
(4) *Ibid.*, 8 avril 1472, fol. 90 v°.
(5) G 187, 17 mai 1486, fol. 117.
(6) G 188, fol. 30.
(7) G 187, 17 avril 1486, fol. 112.
(8) G 184, 28 mars 1469, fol. 223 v°.
(9) G 188, 27 et 31 juillet 1487, fol. 21 et 22.
(10) *Ibid.*, 1er avril 1500, fol. 299 v°.

écoles fut presque complète pendant le dernier tiers du xve siècle et au commencement du xvie. Cette décadence eut plusieurs causes. La principale fut sans contredit l'instabilité des maîtres, que le Chapitre avait le tort de ne pas rétribuer suffisamment. Ils en donnaient pour leur argent et ils cherchaient la première occasion propice pour se retirer. La nomenclature qui suit, — peut-être incomplète encore, — est à cet égard trop éloquente.

Saint-Jean : Jean Relieur, 1465; — Jean Fourtry, 1466, mort le 31 mai 1468 ; — de nouveau, Jean Relieur, 1468 ; — Jean Brun, 1472 ; — Girard Vaugelet, 1478 ; — Jean du Peutich, antérieurement à Saint-Etienne, et Antoine Marchand, non acceptant, remplacé en 1482 par Jean Millot, 1481 ; — Geoffroy, peut-être Geoffroy Clerc, que nous retrouverons à Sainte-Brigitte, 1487 ; — Jean Baudot, de Dijon, 1489 ; — de nouveau, Jean du Peutich, 1491 ; — G. Garnot, chanoine, 1492 ; — Jean Colomb, 1492 ; — Nicolas Vincenot, 1493 ; — Jean François, maître des écoles de Saint-Jean, 1495 ; — Thiébaud le Jay, 1498 ; — Jean Durand, antérieurement à Saint-Etienne, 1510; — François Symard, non acceptant, 1511 ; — Jean Sorquet, recteur du gymnase de Saint-Jean, 1512.

Saint-Etienne : Simon Laurent, de Guyans, 1467 ; — Jean Boitouset, 1468 ; — Huges Lenfant, 1469 ; — Euvrard Legeret, que nous retrouverons à Sainte-Brigitte, 1469 ; — N. Malgrenir, en ou avant 1470 ; — de nouveau et provisoirement, Simon Laurent, 1470 ; — Pierre Taconot, 1470 ; — Jean du Peutich, 1473 ; — Hugues Vurryot, de Pesmes, que nous retrouverons à Sainte-Brigitte, 1474 ; — Girard Brunel, 1477 ; — Guillaume Lejeune, 1478 ; — de nouveau, Pierre Taconot, 1479 ; — L. Bailly (?), 1481 ; — Jean Durand, plus tard à Saint-Jean, 1498 ; — Jean « Agricola », 1506 ; — Jean Boussaud, 1512.

Sainte-Brigitte : Philibert Coytot et Guillaume de « Loco franco » (Lieffrans ?), 1465 ; — Jacques, 1465-1466 ; — Euvrard Legeret, 1469, 1472 ; — Mathieu ou Mathey, avant 1477 ; — Hugues Vurryot, 1477 ; — Hugues (le même que le précédent ?), co-recteur, 1479 ; — Geoffroy Clerc, depuis 1480 ou environ.

Sainte-Madeleine : Jacques Chamblay, maître des choriaux, 1487 ; — Jacques Chevillard, maître des choriaux, 1488 ; — Jean

Dyvolz, maître des écoles, 1497 ; — Guillaume Laurent, maître des choriaux, 1498.

Pour la même période, voici la liste des écolâtres : Jacques de Chappes, nommé le 19 juillet 1471, mais non acceptant ; — Jean Coutier, official, absent, nommé le 31 juillet suivant ; — Léonard de Neufchâtel, nommé le 14 août suivant ; — Thiébaud de Cicon, nommé le 12 août 1475, résigne ses fonctions en 1476 ; — Jean Moine, 1476 ; — Guy Moreaul, *al.* de Moréal (1), 1484 ; — Jean Boussaud, mort en 1493 ; — Renaud de Marmainne, reçu seulement le 1er octobre 1491. (2)

En 1483, Guillaume Payelle, « de Ardillis, » maître en théologie, était lecteur des Cordeliers.

Pour remédier à la situation, les gouverneurs, qui, il faut leur rendre cette justice, se préoccupèrent, en tout temps et avec la plus louable sollicitude de l'instruction de la jeunesse bisontine (3), les gouverneurs décidèrent, déjà le 16 décembre 1479, que trois des leurs, Jean Dazu, Antoine Perréal et Henri Robert, se rendraient auprès du Chapitre et feraient également une démarche auprès des chanoines de Sainte-Madeleine, afin qu'ils se pourvussent « de bons et morigenez recteurs et maistres » d'escoles pour regenter en ceste cité et pour le bien et utilité » de ladicte cité (4. » On voit que leurs démarches ne furent guère couronnées de succès.

A l'occasion, ils n'hésitaient pas à écarter les maîtres qu'ils considéraient comme incapables, sauf à les indemniser, s'il n'y avait aucun cas d'indignité à relever contre eux. Nous en trouvons un premier exemple en ce qui concerne Euvrard Cordier, maître ès arts, à qui le rectorat des écoles avait été promis. Il ne l'obtint pas néanmoins ; il fut donné à Jean Dyvolz, « conguoissant que c'estoit le profit de la chose publique. »

---

(1) Sur ce personnage, voir une notice d'Auguste Castan dans son *Catalogue des incunables de la bibliothèque publique de Besançon,* p. 147, n. 1.

(2) Par exemple, en 1487, ils donnent 100 écus à frère Girard Cunis, gardien des Cordeliers de Besançon, pour lui permettre de se faire recevoir maître en théologie (CC 46).

(3) BB 7 *bis*, non folioté.

(4) CC 43.

Euvrard Cordier, se croyant lésé, réclama et obtint 10 francs à titre de compensation (1).

Une ordonnance, qui peut être comprise entre les années 1494 et 1500, exempte les maîtres d'école, « tandiz qu'ilz regenteront » sans eulx mesler d'autre pratique que desdictes escoles », et ceux de leurs écoliers qui demeuraient avec eux, de l'impôt pour la mouture de leur froment (2).

Ce fut pour en finir, une fois pour toutes, avec les abus qu'ils constataient que les gouverneurs résolurent de réunir et de municipaliser les écoles de la ville. A cet effet, ils acquirent, le 15 mai 1511, des chanoines de Sainte-Madeleine le privilège d'enseigner que le pape Nicolas IV leur avait accordé (1288-1292). Ce droit leur fut cédé moyennant 240 livres estevenantes, sous la réserve que le Chapitre de la collégiale conserverait le bâtiment où se tenaient lesdites écoles, qu'il aurait le droit de faire étudier gratuitement quatre enfants de chœur, que chacun des chanoines pourrait en outre envoyer gratuitement un jeune clerc dans les écoles dont la municipalité projetait la fondation (3).

Le Chapitre, qui voyait dans cet accord une atteinte aux droits de l'écolâtre et des écoles de Saint-Jean, protesta vivement dans sa réunion du 21 mai suivant, mais, comme il ne pouvait annuler la convention, il se décida, ainsi qu'il a été dit plus haut, à chercher à Paris pour ses écoles un recteur qui fût en état de les relever (4).

---

(1) CC 55, comptes de 1497. — Le n° 567 des incunables de la bibliothèque de Besançon, qui a appartenu à Euvrard Cordier, contient, de sa main, quelques renseignements le concernant. Cordier nous apprend qu'il était originaire de Clerval, qu'il devint familier de l'église Saint-Jean, le 20 juin 1501, qu'il fut fait acolyte, le 5 septembre, au couvent des Cordeliers de Besançon, sous-diacre à Notre-Dame de Dole, le 18, diacre, le 19 février 1502, dans l'église des Jacobins de Besançon et ordonné prêtre à la cathédrale de Genève, le 26 mars 1503, par l'évêque de Nice (Castan, *Catalogue des incunables*... p. 436 et 437).

(2) Ms. 1046 de la bibliothèque de Besançon, fol. 66.

(3) Archives municipales, layette 40.

(4) G 190, fol. 486 v°.

IV.

Le premier recteur des écoles municipales fut Lactance Ferri ou de Fer. Originaire de Bologne, élève, dans cette ville, de Francesco Philelpho, à Ferrare, de Baptiste Guarini et peut-être de Francesco de Plaisance, qui lui enseigna le grec, il fut proposé au choix des gouverneurs par leur collègue Claude Loys, qui l'avait eu pour maître en Italie (1). Il fut retenu « de nouveau » en avril 1511 (2). Son nom apparaît dans un registre capitulaire, le 12 juillet 1513, à propos d'une réclamation contre Antoine Bertrand, familier de l'église Saint-Jean (3). Nous possédons peu de renseignements sur lui, mais assez pour savoir qu'il donnait toute satisfaction aux gouverneurs. Ceux-ci, en considération « de ses vertus et sciences » et du bon entretenement de ses escoliers, tant domestiques que » aultres en general, aussi les bonnes diligences et instructions » qui leur donne », lui firent présent, le 3 janvier 1515, d'une queue de vin de vingt-huit setiers pris dans la cave de la cité (4). A quelques mois de là, il lui était accordé quatre bichots

(1) Castan, *Catalogue des incunables de la bibliothèque publique de Besançon*, p. 274, d'après des notes autographes de Lactance Ferri inscrites sur le n° 368 des incunables, qui est un Lexique grec-latin de Jean Crastoni, imprimé à Milan vers 1480.

(2) Archives de la ville, CC 10, série du XVIe siècle.

(3) G 191, fol. 11 v°.

(4) CC 14.

de froment pour employer à la dépense de sa maison (1). Une mort prématurée l'enleva le 7 janvier 1516, entre dix et onze heures du matin. A cause des dangers de peste qui étaient pour ainsi dire permanents dans la cité, ses obsèques eurent lieu en l'église Notre-Dame de Jussan-Moutier. Le Conseil offrit six cierges et quatre torches armoriées. Le rédacteur de la note qui annonce sa mort, l'appelle « homme très vertueux et scientifique. » Lactance laissait une veuve, nommée Claude, et des enfants en bas âge (2). Le 22 mars, les gouverneurs accordaient un secours à sa veuve (3), qui ne fut pas longtemps inconsolable, car, au mois de juin 1517, époque où la ville achetait la chaire de chêne et de sapin qui avait appartenu à Lactance, elle était déjà remariée avec un libraire bisontin, Pierre Pidie (4).

Lactance de Fer eut pour successeur Renaud Poinsot. Il était antérieurement recteur du gymnase ou des écoles de Saint-Jean. Le 13 juin 1515, le Chapitre lui accordait, à titre d'aumône (*elemosine*), une somme de 8 francs, pour lui permettre de s'acheter un vêtement et l'encourager à mieux s'occuper (*ferventius*) de ses écoles (5). La ville lui faisait amener de Vercel, au mois de septembre 1517, ses meubles ou « bagues et super-» lectiles », afin, disent les comptes, qu'il puisse « estre en estat » de se mettre a exercer l'office de la rectorie desdictes » escoles (6) », ce qui donne lieu de croire qu'il y eut quelque intervalle entre sa prise de possession et la mort de Lactance. Poinsot n'a pas laissé grandes traces de son passage à Besançon. Le 23 décembre 1517 et l'année suivante, il recevait en don gratuit un bichot de froment (7). On le voit, le 23 décembre 1524, figurer dans les registres capitulaires avec la qualité de recteur des écoles de Sainte-Madeleine (8).

La peste fit licencier, en 1525, la plupart des écoliers. Une

(1) CC 14.
(2) CC 15.
(3) *Ibid.*
(4) Castan, *op. l.*, p. 274
(5) G 191, fol. 152 v°.
(6) CC 16.
(7) CC 17 et CC 18.
(8) G 191, fol. 305.

décision des gouverneurs, en date du 18 mai, prescrivit que chaque maître n'en pût garder plus de six (1). Poinsot avait sans doute jugé prudent de se mettre à l'abri de la contagion, car, le 24 octobre 1526, les gouverneurs agréèrent comme recteur des écoles Louis de Valerus, de Bruges, qui leur avait été recommandé chaudement par Hugues Marmier, président du parlement de Dole. Il fut convenu que si Poinsot revenait prendre ses fonctions avant la S. Martin, de Valerus s'arrangerait avec lui de façon à le satisfaire, lui, et la municipalité. Après quoi il prêta serment de fidélité à la ville et prit l'engagement de s'acquitter de son mieux de sa tâche (2).

Que s'était-il passé, pour que, déjà le 8 juillet 1528, les chanoines de Sainte-Madeleine fissent proposer aux gouverneurs de racheter à la ville les écoles qu'ils leur avaient autrefois cédées? Agissaient-ils sous la pression du Chapitre, qui n'avait pas vu sans dépit la municipalisation de ces écoles? Ces écoles commençaient-elles à péricliter? étaient-elles onéreuses pour la cité? les gouverneurs étaient-ils fatigués d'imposer pour elles des sacrifices à la ville, et les chanoines espéraient-ils ainsi les ravoir à meilleur compte? Je ne sais. Ce qui est certain, c'est que les gouverneurs acceptèrent les propositions qui leur étaient faites et qu'ils chargèrent Jacques Bonvalot, Guillaume de Ferrières et Jean Lambelin, secrétaire du Conseil, de conclure l'affaire avec les chanoines (3). Ceux-ci voulaient bien, on l'a vu, reprendre les écoles, mais ils ne se pressaient pas d'en rembourser le prix d'achat; ils se contentaient de promettre de rendre l'argent dès qu'ils l'auraient. Bonvalot leur donna jusqu'à la S. Martin pour s'exécuter. Au mois de juillet 1529, les gouverneurs n'étaient encore payés que de plus ou moins bonnes paroles; de même, le 9 juillet 1530 (4). Finalement les choses en restèrent là.

C'est vraisemblablement vers cette époque, c'est, en tout cas, pendant l'administration de Simon Gauthiot d'Ancier, par consé-

(1) Archives de la ville, BB 11, fol. 173.
(2) BB 12, fol. 84.
(3) *Ibid.*, fol. 269 v°.
(4) *Ibid.*, fol. 282, 335 v° et 484.

quent de 1519 à 1538[1], que remonte un très curieux règlement relatif à l'administration des écoles municipales. Il est conservé dans le recueil des ordonnances formé par ordre de Gauthiot[2]. En voici le résumé :

Le recteur ou principal des écoles sera nommé par les gouverneurs. Il sera maître ès arts, bon grammairien, poète et homme de bien. Il jurera d'être fidèle à la cité et de se conformer au présent règlement. Il aura sous sa direction toutes les écoles et tous les écoliers ; il s'occupera de l'éducation de ceux-ci et tiendra le plus proprement possible ceux que les parents lui confieront chez lui.

Il donnera des leçons de grammaire, de poétique et de logique à ceux des élèves qui manifesteront des dispositions spéciales.

Deux maîtres subalternes seront chargés d'instruire les plus jeunes enfants et de leur enseigner « leurs tablettes, pseaulmes, » partz[3], principes de grammaire comme Cathon[4] et en » aultres menues choses que nous appellons la petite » grammaire. » Mais, pour les commençants, la fréquentation des écoles municipales n'est pas obligatoire. Les parents pourront les confier à des prêtres ou à un « magister de petits enfans ».

Pour les « commensaux » et « potagistes », le prix de la pension et de la rétribution scolaire sera débattu entre les parents et le principal. Pour les écoliers externes, tant grands que petits, pour leurs maîtres ou les étrangers en chambre, il recevra, pour ses frais, peines et labeurs, le droit appelé « général », soit de chacun la somme annuelle d'un franc, payable en quatre termes, soit 3 gros par trimestre, le tout au prorata du temps passé à l'école.

Le principal tiendra registre des noms et prénoms des écoliers, de la date de leur entrée et de leur sortie et des sommes versées par eux.

---

(1) Auguste Castan attribue au recueil des ordonnances de Besançon la date approximative de 1535 (*Catalogue des manuscrits de la bibliothèque de Besançon*, t. XXXII du *Catalogue général*, p. 609).

(2) Archives municipales, AA, non coté, fol. 43 v°-48 ; — archives départementales, bibliothèque des archives, n° 14, fol. 18 v°-20. — Ce recueil, d'une importance capitale pour l'histoire de Besançon, mériterait d'être publié.

(3) Rudiment à l'usage des enfants.

(4) Le Caton est un recueil de sentences et de sages conseils dans lequel les enfants apprenaient à lire et qui leur servait de livre de récitation.

Chaque écolier paiera au principal, le premier jour de carême, 2 blancs pour le droit du poisson, à la S. Nicolas et à la Ste Catherine, 2 blancs pour le luminaire, à charge par le principal de fournir à l'église le luminaire la veille et le jour desdites fêtes.

Le principal sera dispensé des droits de « signets[1] », du service des portes, de guet, escharguet[2], rière-guet et de tous impôts, sauf des droits d'héritage, qui seront modérés.

Si les maîtres d'écoles dits forains, dont le nombre ne devra pas être de plus de quatre, voulaient instruire les enfants et tenir chez eux commensaux et potagistes, ils le pourront aux conditions suivantes :

Ils subiront un examen par devant le principal et une commission nommée par les gouverneurs. Après examen, ils jureront sur les Evangiles d'obéir au principal *in omnibus rebus licitis et honestis*, d'observer le présent règlement, d'amener aux écoles leurs élèves, commensaux et potagistes aux heures fixées par le principal, de les reconduire *ordinatim* et de leur faire prendre part aux processions et aux différentes assemblées.

Les forains seront autorisés à instruire chez eux leurs écoliers, qui pourront assister aux écoles aux leçons du principal et des maîtres subalternes, si le principal et les forains le jugent nécessaire. Les élèves des forains seront tenus de payer le « général » au principal, comme tous les autres externes.

Les forains acquitteront le droit de « signets », mais ils seront exemptés du service des portes, du guet et de l'escharguet.

La discipline des écoles appartiendra au principal et, sous son autorité, aux maîtres subalternes et aux forains. Les réprimandes seront faites poliment et les punitions seront légères.

Si un des maîtres subalternes ou forains ou un écolier veut soutenir une thèse, il devra, avant de la faire afficher, la faire examiner par le principal ; à la soutenance, les écoliers pourront se faire assister par un maître.

Ce règlement prouve que le régime des écoles municipales

---

(1) Impôt sur le vin (?).
(2) Droit de guet.

était déjà complètement soustrait à l'autorité ecclésiastique.

En 1543, le rectorat est vacant. Le 28 juin, les gouverneurs confient à Humbert Jantet et à Jean Valiquet le soin de trouver un maître des écoles, « a gages ou aultrement », et de chercher une maison pour y transférer les écoles(1). Le 7 août suivant, il était résolu que la ville achèterait, le plus tôt possible et à meilleur compte que faire se pourrait, afin d'y installer le « collège » et les écoles, la maison de la rue des Granges qui avait appartenu à Jean Lambelin, le secrétaire de la cité qui avait été décapité le 12 juin 1538. Le traitement du recteur ou principal était fixé à 50 francs par an, outre le logement et le chauffage qui lui étaient fournis par la ville. Valiquet et Regale furent invités à trouver en toute diligence pour principal « ung » homme sçavant(2). » Mais la peste, l'horrible peste qui, en trois ans, de 1529 à 1532, avait enlevé à Besançon plus de 4,000 personnes, fit sa réapparition quelques jours après, et les écoles furent fermées(3).

L'homme savant que cherchaient les gouverneurs bisontins fut sans doute Gilles de Boismare, que nous voyons en fonctions en 1548. Il semble s'être acquitté de sa tâche à leur satisfaction, car, au mois d'octobre de cette même année, après sa retraite, ils lui accordaient 20 francs en récompense de ses services(4). Cette retraite lui fut imposée ; elle était motivée par son grand âge qui le fit d'ailleurs dispenser du porte-guet et de l'escharguet. Son remplacement était déjà décidé depuis le mois de juin précédent(5) ; plusieurs des co-gouverneurs, Jantet, Lulier et Valiquet, avaient été chargés de chercher, pour la rentrée, des « regens sçavans et expers pour redresser les escoles de la » cité(6). » Ils s'adressèrent à cet effet à un franc-comtois, Etienne Nicod, de Poligny, ancien professeur de droit à l'Université de Dole(7), actuellement régent à Paris. Nicod s'empressa de

(1) BB 23, fol. 145 v°.
(2) *Ibid.*, fol. 160.
(3) *Ibid.*, fol. 161.
(4) BB 25, fol. 59 v°, et CC 42.
(5) BB 25, fol. 5.
(6) *Ibid.*
(7) Beaune et d'Arbaumont, *les Universités franc-comtoises*, p. 192.

leur annoncer, le 2 août, qu'il avait, selon leur désir, découvert un homme de très bonne vie, saine doctrine et fort belle prestance, qui, depuis quatorze ans, enseignait à Paris et, depuis sept ans, occupait les premières chaires des collèges. Il était un des meilleurs professeurs de l'Université, dont il avait même été recteur en 1546 (1) ; il possédait à fond le grec et le latin et, selon Nicod, il pouvait « interpreter toute science liberale avec » honneur ». Il avait présentement 50 écus de gage, sans compter ses gains particuliers qui représentaient le double. Il se contenterait de 40 écus à Besançon et en demandait 30 pour un régent qu'il enmènerait avec lui. Comme le candidat était sollicité par la ville de Bordeaux, Nicod dépêcha exprès son serviteur à Besançon pour avoir d'urgence la réponse et la transmettre à qui de droit. De son côté, Jean d'Orival, le candidat, écrivait en latin aux gouverneurs ; il les avisait qu'il consentirait volontiers à aller à Besançon aux conditions indiquées par Nicod. Lecture fut donnée de ses lettres, le 23 août, au Conseil. Séance tenante, les gouverneurs décidèrent qu'ils acceptaient et qu'ils enverraient gens, chevaux et argent nécessaires à d'Orival (2). Le protonotaire de Vezet fut chargé d'aller à Paris chercher le nouveau principal. Cinquante écus furent mis à sa disposition pour acheter des chevaux et subvenir aux dépenses du voyage de d'Orival et de son régent ; de plus, un messager fut désigné qui devait les accompagner de Paris à Besançon (3). Presque en même temps (1er octobre), il fut convenu qu'ils seraient logés à la commanderie de Saint-Antoine, puis on fit choix le lendemain de la maison des héritiers de Jean du Champ, en la tour de Montmartin ; on délibéra également de faire mettre en état, afin d'y installer les écoles, deux salles de la commanderie, de les pourvoir d'une chaire, de bancs, etc. Gilles de Boismare fut informé de cette décision et invité à céder la place aux régents que l'on attendait de Paris (4).

Le vendredi, 5 octobre, Jean d'Orival, avec le régent qu'il

(1) Cf. du Boulay, *Historia Universitatis Parisiensis*, t. VI, p. 398. D'Orival fut recteur du 23 mars au 23 juin 1546.

(2) BB 25, fol. 40 et 40 v°.

(3) BB 25, fol. 40.

(4) *Ibid.*, fol. 57 et 58 v°.

avait recruté, était à Besançon. Le 6, il se présenta au Conseil, qui l'agréa et invita Valiquet, Jantet et Petremand à s'entendre avec lui pour les travaux d'aménagement à faire à Saint-Antoine. A la hâte, on s'occupa du mobilier scolaire : chaires, bancs, escabeaux, tables, châlits, armoires, garde-robe, etc. (1), et comme les locaux de la commanderie étaient insuffisants, on fit approprier pour deux classes les petites écuries de l'hôtel du Lion d'or (2). Les premiers frais furent couverts par la vente, au profit des écoles, d'un hôpital commencé à Chamars pour les pestiférés (3) ; les chevaux qui avaient été achetés pour amener les régents de Paris à Besançon furent mis aux enchères ; on se procura, à raison de 10 écus par an, un deuxième régent (4) ; les maîtres furent provisoirement nourris au Lion d'or au compte de la ville (5) ; enfin, ils reçurent, à titre de présent, pour se « mettre en mesnage », une ânée de froment, un muids de vin et une benaste de sel (6).

Les cours furent inaugurés par le principal et les deux régents le lundi, 15 octobre, à midi. D'Orival fit sa première leçon en présence des gouverneurs et d'une partie des membres du Chapitre (7). Le collège de Besançon était fondé.

Pendant que les gouverneurs faisaient ces louables efforts pour organiser les écoles de la ville, la décadence s'accentuait de plus en plus à Saint-Jean et à Saint-Etienne. Je ne parle pas des écoles de l'église Saint-Jean-Baptiste, dont je n'ai trouvé qu'une seule fois la mention, à la date du 15 mars 1514. Elles étaient dans une maison louée 100 sous, mais, après Jean Sorquet, personne ne voulait en accepter la direction (8). Les plaintes du Chapitre à l'adresse des recteurs des deux églises sur leur négligence à instruire les choriaux ne sont pas rares (9). A Saint-Etienne, le recteur, Guillaume Laurent, curé de Saint-André, est trouvé trop

(1) CC 42.
(2) BB 25, fol. 60.
(3) *Ibid.*
(4) *Ibid.*
(5) CC 42.
(6) *Ibid.*
(7) BB 25, fol. 61 v°.
(8) G 191, fol. 44 v°.
(9) *Ibid.*, 30 juillet 1516, fol. 188 ; G 193, 20 novembre 1538, fol. 554.

âgé pour s'en occuper convenablement[1]; Richard Bennoisy se désintéresse de leur instruction ; il ne mange pas avec eux et s'absente très souvent[2]. A la suite des remontrances qui lui sont faites, il promet de s'amender ; le Chapitre lui pardonne, puis le renvoie et enfin le reprend[3]. A Saint-Jean, Jean Chevreux s'attire les mêmes reproches d'incurie[4].

Pour remédier à l'insuffisance des recteurs, à qui, à cette époque, l'on demande surtout d'être musiciens, le Chapitre désigne quelquefois des maîtres chargés de donner aux choriaux des leçons de grammaire : tels Jean Communet[5] et Anatoile Guernier. Celui-ci, qui sans doute tenait une école privée, fut dénoncé par l'écolâtre auprès du Chapitre, sous prétexte qu'il causait du préjudice au recteur des écoles de Saint-Jean. Il fut seulement autorisé à enseigner l' « A, B, C », le chant et les principes de la grammaire jusqu'au Donat[6] inclusivement. Son enseignement devait se borner aux enfants qui fréquentaient les écoles du Chapitre, et il lui était interdit de s'occuper de ceux de la ville[7].

Parfois, mais rarement en dehors des épreuves d'admission des choriaux, des chanoines étaient délégués pour leur faire subir des examens sur le chant, la lecture, l'écriture et les autres

---

(1) G 192, 13 juillet 1521, fol. 216.

(2) G 195, 4 juillet 1547, 12 et 25 octobre 1548, fol. 52 v°, 189 et 191 v°. — Le nom de Guillaume Laurent, originaire de Chaussin, se trouve sur trois incunables de la bibliothèque de Besançon : sur le n° 113 (Armandus de Bellovisu, *De declaratione difficilium terminorum tam theologiae quam philosophiae ac logicae*), qu'il avait acheté sur la place publique de Besançon le jour des Cendres 1499 ; sur le n° 310 (Johannes Lapus de Castelho, *Allegationes subtiles*), acquis par lui à Besançon en 149. ; sur le n° 982 (Francisco Ximenes, *Le livre des sainctz anges*), avec des notes de sa main sur le baptême d'un de ses filleuls. Les n°s 113 et 310 appartinrent plus tard à Claude Gascon, son successeur comme curé de Saint-André ; le n° 113 passa ensuite à Pierre de Soye, que nous trouverons professeur de théologie au collège Granvelle. Le n° 113 porte des recettes et de curieux proverbes, du 3 juillet 1510, de la main de Guillaume Laurent (Castan, *Catalogue des incunables de la bibliothèque publique de Besançon*, p. 73, 232 et 737).

(3) G 195, 10 avril 1549, 1er juillet 1551, fol. 269 et 393.

(4) G 192, 5 mars 1522, fol. 151.

(5) *Ibid.*, 24 février 1520, fol. 34.

(6) Aelius Donatus, grammairien du IVe siècle, dont les traités grammaticaux, notamment le *De barbarismo* et le *De octo partibus orationis* ont été très en faveur pendant le moyen âge et jusqu'au milieu du XVIe siècle.

(7) G 193, 3 janvier 1532, fol. 225 v°.

matières qu'ils avaient à apprendre (1). Enfin le Chapitre cherchait à provoquer l'émulation en décidant qu'à l'avenir nul ne pourrait être reçu chanoine de Besançon s'il n'était né de légitime mariage, maître ou bachelier en théologie ou en droit, ou encore maître en médecine (2).

Ce qu'il y avait de plus déplorable encore que la négligence des recteurs, c'était leur conduite. Celle des recteurs de Saint-Jean fut, pendant une trentaine d'années, absolument scandaleuse. Les premières plaintes à cet égard remontent à 1521 ; elles abondent dans les registres capitulaires (3). Je n'entrerai pas dans le détail des mesures de rigueur, révocation, incarcération, expulsion de la ville, défense de porter l'habit clérical, prises contre les Pierrard, les Verpier, les Malgras, les Morel et les Lalyon : qu'il me suffise de dire qu'elles n'étaient que trop justifiées. Seulement, ce qui surprend, c'est qu'après avoir menacé ou sévi, le Chapitre se soit laissé toucher par des marques de repentir et des promesses d'amendement plus ou moins sincères et qu'il ait, plusieurs fois, réintégré dans leurs fonctions des maîtres d'une indignité notoire. Il savait cependant à l'occasion se montrer impitoyable. Un chorial, Hugonin Malfroy, en fit l'expérience. Accusé de sacrilège, il fut amené dans la salle capitulaire. Là, en présence de ceux des chanoines qui voulurent y assister, on lui coupa les cheveux, on lui enleva l'aube et la soutane rouge et on le déshabilla complètement. Les recteurs et les choriaux des deux églises le fouettèrent jusqu'au sang. Puis on lui jeta sur les épaules, pour lui servir de manteau, trois aunes d'étoffe grise et on le chassa, avec défense de rentrer, sous peine de prison perpétuelle (4). Une autre fois, trois choriaux reçurent la discipline pour avoir remis à leur recteur trois pièces d'or qui avaient été volées (5). A part ces deux cas, il ne semble pas que la conduite des choriaux ait été répréhensible ; à cet égard, les registres capitulaires sont généralement muets.

---

(1) G 193, 20 novembre 1538, fol. 520.
(2) G 194, 4 mai 1542, fol. 145 v°.
(3) G 193, fol. 84 v°, 297 ; G 193, fol. 40, 171 v°, 196, 197 v°, 296 ; G 194, fol. 50, 163 v°, 166, 184 v°, 191, 209, 210 v°, 211 v°, 264, 307, 362 v°.
(4) G 193, 28 janvier 1534, fol. 349 v°.
(5) G 193, 12 avril 1531, fol. 196 v°.

Le bon accord ne régnait pas toujours entre les recteurs, et il suffisait souvent d'un rien pour amener la brouille entre les églises. Le 5 juin 1532, le Chapitre fut saisi d'une question de préséance à laquelle avait donné lieu la procession du dimanche précédent. Les écoliers de Sainte-Madeleine marchaient avant ceux de Saint-Jean, — ce qui ne s'était jamais vu, constatent les registres capitulaires. Aussi les bons chanoines décident-ils gravement qu'il sera nécessaire de s'entendre avec l'écolâtre pour prévenir le retour de faits pareils (1).

Voici, pour cette période, la liste des recteurs des écoles et des maîtres des choriaux de Saint-Jean et de Saint-Etienne. Elle témoigne encore de la même instabilité que celle qui a été déjà signalée plus haut :

Saint-Jean : Jean Durand, de nouveau et provisoirement, 20 juillet 1513 ; — Jean de Halles, chantre, faisant fonctions provisoirement, 31 août 1513 ; — Jean Chevreux, 1514-1517 ; — Renaud Poinsot, recteur des écoles ou du gymnase de Saint-Jean, 1515; — Etienne des Prés, recteur des écoles, 1516 ; — Perrequin, 1517 ; — Jean Jourdain, et provisoirement Didier Clerc, 1519 ; — Jean Communet, chargé d'enseigner la grammaire, 1520 ; — de nouveau, Jean Chevreux, 1521 ; — Jean Lasson, 1523 ; — de nouveau, Jean Chevreux, 1524 ; — Quentin Chevrot, 1527 ; — Etienne Pierrard, juillet 1527 ; — Guillaume Belot, 2 octobre 1527, non admis par décision du 9 octobre suivant ; — Jean Verpied, 25 octobre 1527-12 octobre 1530 ; — Lazare Malgras, provisoirement, 1530; — Vernier Malgras, 1531 ; — de nouveau et provisoirement, Jean Chevreux, 1531 ; — Vernier Malgras, réintégré, 7 juin 1531 ; — Anatoile Guernier, chargé de l'enseignement de la grammaire, 1532 ; — Jean Boucault, *al.* Bouquault et Bocault, 1535 ; — Guillaume Duchet, 12 avril 1540 ; — Clément Morel, 12 mai 1540 ; — de nouveau et provisoirement, Jean Boucault, 13 juin 1543 ; — Jacques Bar, 27 juin 1543 ; — de nouveau, Jean Boucault, 3 juillet 1544 ; — Simon Joly, 1547 ; — Jean Boucault, 23 mai 1548.

Saint-Etienne : Jean Bassand, 1514 ; — Henri Gressant, 1517, mort en octobre 1517 ; — de nouveau et provisoirement, Jean

(1) G 103, fol. 243.

Bassand, 1517 ; — Pierre Vaultepin, 14 octobre 1517 ; — Jean Communet, chargé d'enseigner la grammaire, 1520 ; — de nouveau, Jean Bassand, 1521, mort au commencement de 1524 ; — Pierre Gros, 10 février 1524 ; en son absence, Guillaume Laurent, curé de Saint-André ; — Antoine de Vendôme, 27 septembre 1524 ; — Jacques du Moulin, 6 décembre 1524 ; — Pierre Bernier 1530 ; — Jean Poulet, 15 décembre 1531 ; — Pierre Marcianne, 1534 ; — Hugues de la Chapelle, 1540 ; — Dominique Finot, 5 octobre 1541-8 mars 1542 ; — Vandelin Lalyon, 8 mars 1542 ; — provisoirement, Jacques Girod, 20 décembre 1542 ; — provisoirement, Jean Martin, 30 décembre 1542 ; — de nouveau, Hugues de la Chapelle, 3 janvier 1543 ; — Richard Rennoisy, 11 mars 1545.

Ecolâtres : Charles Bercin, 1515 ; — Antoine Bercin, docteur ès droits, curé de Saint-Maurice de Besançon, de 1526 à 1537 au moins ; — François de Poitiers, 1538.

V

Dès le 26 mars 1549, un des régents du collège, Claude de l'Espée, se retira sous prétexte que sa grand'mère était morte. Il fut remplacé par Jean du Flos, du diocèse d'Arras, aux gages de 10 écus par an (1). Du Flos semble avoir eu une réelle valeur; quelques années après sa nomination à Besançon, il publiait à Paris, en 1554, ses *Rhetoricarum præceptionum tabulæ* (2).

Il est à présumer que, dans le principe, le collège fonctionna régulièrement, car les gouverneurs votèrent à Etienne Nicod, pour le récompenser d'avoir « trouvé a Paris des regens notables » et sçavans », deux symaises d'hypocras, deux pots de vin et un « seon » (3) de satin, puis, quelques jours après et pour le même motif, une somme de 6 écus d'or au soleil, soit 13 francs et demi (4). Dans le cours de cette année 1549, on compléta le mobilier scolaire, on plaça une cloche au collège et on y construisit des « privés » (5).

Malheureusement l'administration de Jean d'Orival devait être de trop courte durée. Soit que le séjour de Besançon ne lui con-

(1) BB 25, fol. 120.
(2) Paris, Richard Roux, in-4°. Cet ouvrage est indiqué dans le *Répertoire des ouvrages pédagogiques du XVIe siècle* comme étant à la Bibliothèque nationale, à la Mazarine et à la bibliothèque de Troyes.
(3) Vêtement, sorte de casaque, « sayon ». BB 25, fol. 121.
(4) CC 41.
(5) *Ibid.*

vint pas, soit, comme il le prétendait, qu'il fût obligé de retourner à Paris afin de s'occuper de ses affaires particulières et de rétablir sa santé, il vint, le 15 décembre 1550, faire part aux gouverneurs de sa décision de se démettre de ses fonctions avant la S. Jean, conformément à l'engagement qu'il avait pris de les prévenir trois mois à l'avance. Acte lui fut donné de sa démarche. Avant son départ, il proposa pour le remplacer un ancien recteur des écoles de Dijon, Jean Le Goux (1). Celui-ci vint de Dijon pour s'entendre avec les délégués du Conseil, reçut pour son voyage 6 écus d'or, puis il fut agréé, le 21 mai 1551, avec les mêmes gages que son prédécesseur. Il prêta serment de fidélité à l'empereur et à la ville et jura de veiller soigneusement à n'accepter dans ses écoles aucun sujet suspect de tendances luthériennes. Dans le cas où il remarquerait « la moindre scintille du monde, » il devrait s'empresser d'en prévenir les gouverneurs (2). Quatre jours après, d'Orival, rappelé par son père, prenait congé du Conseil, le remerciait de la bienveillance qu'il avait toujours rencontrée auprès de lui, offrait ses services aux Bisontins et promettait de venir reprendre la direction des écoles si Jean Le Goux ne donnait pas satisfaction à la cité (3). Il tint plus tard sa parole.

Le Goux ne réussit certainement pas. Comment parvint à le savoir un « fameux regent de Paris, nommé Postellus (4) » ? Je l'ignore ; ce fut peut-être par d'Orival. Guillaume Postel, car c'était lui, avait fait paraître tout récemment son opuscule connu sous le nom de la *Mère Jeanne*. Obligé de quitter Paris à la suite de cette publication, il recommença cette vie errante qui marqua sa carrière. Selon Scévole de Sainte-Marthe, il aurait professé les mathématiques à Dijon en venant de Paris. Si ce renseignement est exact, c'est sans doute de là qu'il aurait écrit aux gouverneurs de Besançon afin de les aviser qu'il se chargerait de la direction des écoles de leur ville aux mêmes conditions que Le Goux (5). Ils eussent volontiers accepté, mais ils

(1) BB 25, fol. 314.
(2) *Ibid.*, fol. 363.
(3) *Ibid.*, fol. 364.
(4) BB 26, fol. 220.
(5) *Biographie Michaud*, art. de Ch. Weiss, v° POSTEL.

étaient engagés vis à vis de d'Orival, à qui ils avaient demandé de revenir à Besançon, et ils n'étaient pas encore fixés sur les intentions de ce dernier. Par un scrupule qui les honore autant que d'Orival, ils s'empressèrent de répondre à Postel que s'ils ne pouvaient l'agréer comme principal des écoles, ils lui donneraient 50 écus par an pour faire seulement une leçon par jour (1). Postel consentit (2); il dédia même aux gouverneurs son *De originibus totius Orientis* publié à Bâle en 1553, mais ces pourparlers n'eurent pas de suite. On ne saurait que le regretter pour Besançon. Ce fut, paraît-il, grâce aux démarches du chanoine François Richardot, futur successeur d'Antoine Perrenot de Granvelle sur le siège épiscopal d'Arras, que la candidature de Postel fut écartée. Richardot combattait de toutes ses forces les nouvelles doctrines ; il voyait en Postel au moins un homme dangereux, sinon un hérétique. Il suffisait, pour l'évincer, de le présenter sous ce jour aux magistrats bisontins, antiprotestants convaincus (3).

Pas plus que Postel d'Orival ne vint. Le Goux fut invité à se contenter d'une simple régence et à céder la place à Richard de Gorris, qui vraisemblablement appartenait à la famille des médecins de Bourges, Pierre et Jean de Gorris. La discipline laissant à désirer, de Gorris eut ordre de surveiller ses écoliers de très près ; il lui fut en outre recommandé de les habituer à parler continuellement latin au collège et de ne leur laisser lire « aulcuns livres lascifs, comme les comédies de Terence, Ovide, » *De arte amandi*, ou aultres semblables, ains tous livres d'in-» structions en bonnes meurs et doctrines » (21 juillet 1553) (4). Moins d'un an après, les gouverneurs s'aperçurent qu'ils avaient fait une médiocre acquisition ; ils députèrent à Poitiers, où sans doute d'Orival enseignait, un libraire nommé Claude Polipon, pour le prier de retourner à Besançon, mais d'Orival n'était pas libre (5). Pendant ce temps là, de Gorris et Le Goux donnaient à leurs élèves le spectacle de leurs dissensions ; les écoles étaient

---

(1) BB 26, fol. 220.
(2) *Ibid.*, 30 mai 1553, fol. 222.
(3) *Biographie Michaud*, art. de Ch. Weiss, v° RICHARDOT (François).
(4) BB 26, fol. 240.
(5) BB 27, fol. 38.

si mal régies, ainsi que le constata le Conseil dans sa séance du 3 décembre 1554, que principal et régent furent prévenus d'avoir à se retirer pour Noël au plus tard (1). De Gorris supplia tellement qu'il fut cependant autorisé à rester jusqu'au 1er mars (2), et, quelques jours après, les démarches auprès de d'Orival recommencèrent. Il était laissé libre d'amener avec lui tels régents qu'il voudrait, pourvu qu'ils fussent « morigenez » (3). Cette fois, ce fut avec succès. Il revenait en Franche-Comté pour s'y fixer définitivement. En effet, à peine y était-il de retour qu'il épousait Anne Rigaud, de Dole (28 septembre 1555), dont il devait avoir trois fils : François, chanoine de Besançon ; Antoine, docteur en droit, co-gouverneur de Besançon, et Marin. C'est ainsi que la famille d'Orival est devenue franc-comtoise. A l'occasion de son mariage, les gouverneurs firent à Jean d'Orival un présent dont il vint les remercier en un petit discours latin, dont le texte a été transcrit dans le registre des délibérations (4).

Le 4 mai 1557, Balthazar Mornay, de Bourg en Bresse, sollicita de la municipalité bisontine l'autorisation d'ouvrir une école d'écriture et d'arithmétique. Elle lui fut accordée. Il fit serment, ainsi qu'un aide qu'il avait avec lui, d'être fidèle à l'empereur et à la cité (5).

S'inspirant de l'exemple de Nicolas Perrenot de Granvelle, son beau-frère, et de Nicole Bonvalot, sa sœur, François Bonvalot, abbé de Luxeuil et de Saint-Vincent de Besançon, fonda, le 26 juin suivant, sept bourses annuelles, de 15 francs l'une et d'une durée de cinq ans, à attribuer par les gouverneurs à un enfant de chaque bannière ou quartier de la ville. Il devait y avoir pour une bourse trois candidats, de préférence pauvres, âgés de seize ans au moins, déjà suffisamment instruits pour être aptes à étudier les belles-lettres pendant les trois premières années et suivre, durant les deux dernières, les cours de

(1) BB 27, fol. 70 v°.
(2) *Ibid.*, fol. 71.
(3) *Ibid.*, fol. 75.
(4) *Ibid.*, fol. 174 v°.
(5) *Ibid.*, fol. 354 v°.

théologie, s'ils se destinaient à la prêtrise, comme c'était son vœu, ou sinon continuer des études supérieures. Il était stipulé qu'ils seraient l'objet d'une surveillance spéciale et que, dans le cas où l'on constaterait qu'ils ne faisaient pas de progrès, ils seraient remplacés par les soins des gouverneurs. Il en serait de même si l'un des bénéficiaires de la pension venait à mourir. Il semble, ce fut du moins l'intention du testateur, que le choix des boursiers se faisait avec la plus grande impartialité, « secretement, » est-il dit, « et a l'insceu des personnages qu'ilz esliront » et de leurs parens. » C'était pour les juges le plus sûr moyen de se soustraire aux sollicitations importunes et surtout, ainsi que le prévoyait Bonvalot, de s'éviter des inimitiés de la part des évincés. Le premier terme de cinq ans devait commencer à la S. Jean 1558 (1).

Quels étaient ce cours de théologie et cette fondation Perrenot-Bonvalot dont je viens de parler? Ce cours était celui qui fut institué en suite du testament de Nicolas Perrenot et de Nicole Bonvalot, du 28 septembre 1545 (2), et de leur codicille, du 5 janvier 1550 (3). Par l'un et par l'autre, ils laissaient une somme de 10000 francs, dont la rente de 500 francs devait être affectée à la construction d'une écolé et servir à « fonder aulcungs » docteurs theologiens et pensionnaires grammariens. » Antoine Perrenot, évêque d'Arras, le futur cardinal de Granvelle, et son frère Charles furent chargés de veiller à l'exécution des volontés de leurs parents.

Le premier professeur de théologie au collège Granvelle fut François Richardot, celui-là même dont il a été question à propos de Postel. Il était éloquent et savait se mettre à la portée de ses auditeurs ; c'est lui qui le dit dans son *Apologie*. Il nous apprend aussi que son enseignement était très orthodoxe. « J'ay » commencé les premieres lectures theologales au college

(1) Testament de François Bonvalot, copie à la bibliothèque de Besançon, ms. n° 1206 (recueil Boisot 2036, 1°), fol. 302. Cf. BB 28, fol. 6 v° et 20 v°.

(2) Ce testament, de la main d'Antoine Perrenot, évêque d'Arras, est dans le ms. 1207 de la bibliothèque de Besançon. Il a été publié par dom Lévesque, dans les *Mémoires pour servir à l'histoire du cardinal de Granvelle*, t. II, p. 245-256.

(3) Bibliothèque de Besançon, résidu, liasse de testaments non encore cotée.

» fondé par feu de bonne memoire M. de Granvelle... En » l'exercice desquelles lectures jamais les auditeurs, qui » toujours ont esté en bonne frequence et bien attentifs, n'ont » aperçu une seule syllabe la ou l'on put ou sceut presumer » quelque soupçon de fausseté, mais, au contraire, ont aperçu, » selon les occurrences, que j'ay toujours debattu pour illustrer » la doctrine ecclesiastique (1). » A défaut de grades universitaires, les élèves de ce cours de théologie recevaient un certificat d'études qui leur permettait de se présenter aux ordres. Richardot garantissait l'intégrité et la sincérité dont il avait usé dans leur examen (2).

Selon M. le chanoine Suchet, Jean d'Orival aurait enseigné au collège Granvelle la dialectique et la rhétorique. Il se fonde sur ce passage d'une lettre de Richardot à l'évêque d'Arras (12 février 1549) : *Habemus autem hic urbani collegii primarium, hominem doctum, qui tantisper dialecticam aut rhetoricam profiteri possit* (3). Je crois que son interprétation repose sur le mot *hic*, qui doit mieux s'appliquer à Besançon qu'au collège Granvelle. De plus, les termes de la fin de la phrase indiquent plutôt une possibilité ou un désir qu'une réalité. Or cette réalité ne dut pas se produire, non que l'absence de textes autorise cette supposition, mais parce que les gouverneurs étaient trop intéressés à l'empêcher. Le collège municipal n'était pas assez solidement établi pour que ceux qui devaient en être les protecteurs naturels favorisassent une concurrence devant laquelle il aurait pu succomber. Peut-être d'Orival fut-il sollicité par Richardot ; peut-être aurait-il voulu accepter, mais que les gouverneurs l'y aient autorisé, je ne le pense pas. Et puis comment aurait-il trouvé le temps de mener de front les fonctions de principal, de professeur au collège de la ville et au collège Granvelle ?

Il est possible, comme le dit Gilbert Cousin, qu'Etienne des Prés ait enseigné à Granvelle (4), mais, en tous cas, ce n'était pas

---

(1) *Le collège Granvelle à Besançon*, par M. le chanoine Suchet, dans *Mémoires de l'Académie de Besançon*, 1898, p. 8 et 9. Ce travail est surtout relatif à la période oratorienne du collège, qui commence à 1630.

(2) *Id.*, *ibid.*, p. 11.

(3) *Id.*, *ibid.*, p. 8.

(4) P. 17.

depuis longtemps, car au moment où fut imprimée sa *Brevis ac dilucida Burgundiæ superioris... descriptio*, c'est-à-dire en 1552, le collège naissait à peine ; c'est plutôt à son enseignement, à une époque lointaine, aux écoles du Chapitre, que peut s'appliquer la phrase dans laquelle il est dit que, pendant plusieurs années et à la louange de tous, des Prés, *vetus amicus noster*, a formé la jeunesse dans les études littéraires et les bonnes mœurs (1).

Gilbert Cousin, — ce n'est pas la première fois que j'ai été amené à faire sur son compte une observation de ce genre, — semble n'avoir eu que des données assez confuses sur le collège Granvelle, qu'il fait remonter à 1540, tandis que le testament et le codicille de Nicolas Perrenot et de Nicole Bonvalot sont respectivement de 1545 et de 1550, qu'il fait fonder par Antoine Perrenot, évêque d'Arras, qu'il fait doter par l'empereur Charles-Quint et par le pape Paul III de privilèges et d'immunités que personne n'a jamais signalés, dont il ne reste pas trace dans les riches archives de la famille de Granvelle.

De ces mots de Gilbert Cousin à Hugues Babet ou Babel, savant humaniste, né à Saint-Hippolyte-sur-le-Doubs : *Sub te, mi Babete eruditissime atque candidissime, plurimi etiam adolescentes nobiles ingenii cultum recipiunt*, on a conclu que Babet a professé soit au collège public, soit au collège Granvelle (2). Il est

---

(1) Voir plus haut, p. 43. — Dans *Les élégies de la belle fille lamentant sa virginité perdue*, Ferry Julyot a dédié le huitain suivant « a monsieur le recteur maistre Estienne Desprez, son premier precepteur es lettres :

En ton pré je me suis repeu
Commenceant mes ans de doctrine,
Et en ay prins tant que j'ay peu,
Pour boire en fontaine vitrine :
C'est la fontaine Cabaline,
A laquelle tu m'as conduit ;
Je prie a la bonté divine
T'en rendre ce que bien te duit. »

(Edition publiée par Ernest Courbet, Paris, 1873, d'après celle de Besançon de 1557, p. 87). La date de la publication du poème de Julyot prouve, ainsi que je le dis, que des Prés ou Desprez professait déjà depuis longtemps.

(2) Dom Payen, *Bibliothèque historique de la Bourgogne séquanoise*, ms. 953 de la bibliothèque de Besançon, fol. 48 ; Girod-Novilars, *Essai historique sur quelques gens de lettres nés dans le comté de Bourgogne*, p. 13 ; cf. Suchet, l. l., p. 9.

certain qu'il n'a jamais occupé à Besançon de chaire municipale, car son nom ne figure ni dans les registres de délibérations, ni dans les registres de comptes de la ville, contrairement à ce qui a lieu pour les principaux ou pour les régents, dont aucun n'a eu sa valeur. Ce qui est certain aussi, c'est qu'il fut appelé à Besançon par Antoine Perrenot, qui avait été son élève, pour y faire l'éducation de ses cousins François d'Achey, Georges et Marc de Grammont, et, avec eux, d'autres jeunes bisontins : Louis Malarmey, Jean Montrivel et les deux Sauget ; qu'il accompagna, en 1548, les trois premiers à Heidelberg, où ils allèrent apprendre l'allemand, et retourna ensuite à Louvain, où il mourut presque nonagénaire, le 19 août 1556. Mais rien, absolument rien, ne prouve qu'il ait professé au collège Granvelle qui, en 1548, à l'époque de son départ définitif de Besançon, ne fonctionnait sans doute pas encore. D'ailleurs, J.-J. Boissard, le neveu, l'héritier et le biographe de Babet, qui nous donne ces détails et d'autres sur son préceptorat, ne fait même pas mention du collège Granvelle (1). Babet ne fut donc à Besançon qu'un professeur en chambre.

Le fameux jurisconsulte Charles Dumoulin, venu à Besançon après son expulsion de Dole, commença, en 1557, au collège Granvelle des leçons de droit. Dans ses *Commentarii in Parisienses totius Galliæ supremi parlamenti consuetudines* (éd. de Lausanne de 1596, p. 123), il a donné quelques détails sur son court séjour à Besançon, où il s'était rendu sur les instances du docteur Humbert Jantet. La municipalité lui avait offert, s'il voulait s'y installer, une magnifique habitation non loin du collège Granvelle et la somme de deux mille écus pour faire imprimer ses leçons. Sa femme étant très dangereusement malade, il n'avait pas voulu s'engager. En attendant, il demanda qu'on fît venir de Montbéliard ses livres qu'il y avait laissés. La veille de l'Epiphanie, il inaugura son cours. Le lendemain, il reçut la nouvelle de la mort de sa femme. Comprimant sa douleur, il tint cependant à continuer ses leçons. Le

(1) *Bibliotheca sive thesaurus virtutis et gloriæ in quo continentur illustrium eruditione et doctrina virorum effigies et vitæ*, p. 275-280 ; cf. Mémoires mss. de l'Académie de Besançon, à la bibliothèque de la ville (travaux des académiciens), t. II, p. 440, et *Biographie Michaud*, vº Babet, art. de Ch. Weiss.

collège, dit-il, était très vaste et il avait, lui, un auditoire qu'il évalue au chiffre, évidemment exagéré, de mille personnes. La grande salle de la bibliothèque actuelle, où se faisaient les cours, n'eût pas pu, quoique très vaste, les contenir. Bref, le samedi, 9 janvier, il fit encore une leçon, après laquelle il annonça le malheur qui venait de le frapper et son intention de partir pour Paris.

Le lendemain, il fit ses adieux aux Bisontins qui le sollicitaient de revenir parmi eux; ceux-ci l'accompagnèrent jusqu'aux limites de leur territoire [1].

Ce sont les seuls renseignements qui permettent de supposer que le collège de Granvelle était inauguré, mais, nous le verrons plus loin, c'était incomplètement.

La peste s'étant déclarée aux étuves de la Tête noire, assez rapprochées des écoles, les enfants furent licenciés par décision du 6 septembre 1564 [2].

Les registres capitulaires continuent de nous apprendre que l'instruction donnée aux choriaux laissait toujours à désirer, par la négligence de leurs maîtres [3]. Nicolas Chaleveaul, recteur de Saint-Jean, est renvoyé non seulement pour ce fait, mais aussi parce qu'il ne veille pas sur leur conduite et parce qu'il les roue de coups (*illos atrocissime afficit verberibus*) [4]. Deux de ses successeurs, en 1556 et en 1561 [5], sont également l'objet de plaintes motivées par l'insuffisance de leur enseignement. Gilles Laurent, recteur de Saint-Etienne, est incarcéré pour sa mauvaise gestion [6], mais aucun d'eux ne se met dans le cas d'être blâmé ou puni pour des écarts analogues à ceux qui ont été signalés ailleurs.

L'école tenue par les Dominicains ou Jacobins et dont il a déjà été fait mention, portait ombrage à l'écolâtre. A plusieurs reprises, il en avait demandé la fermeture à cause du préjudice

---

(1) Voir dans les *Mémoires de l'Académie de Besançon* de 1838, p. 3, la notice de M. Dorothée Clerc sur Dumoulin.

(2) BB 29, fol. 350 v°.

(3) G 195, 10 avril 1549, fol. 234 v°, et G 196, 28 juillet 1559, fol. 197.

(4) G 195, 23 juillet 1550, fol. 269.

(5) G 196, fol. 51 v° et 273.

(6) G 195, 19 juillet 1554, fol. 545.

qui en résultait pour les écoles capitulaires, mais les Jacobins mettaient peu d'empressement à s'exécuter. Le Chapitre alors décida de les faire poursuivre par l'official. Devant cette menace, qui ne leur laissait aucun doute sur l'issue de leur résistance, le prieur, le sous-prieur et quelques religieux vinrent, le 4 mai 1552, déclarer qu'ils renonçaient désormais à tenir toute école [1].

Le 14 octobre 1556, Claude Rondot fut chargé par l'écolâtre de la direction des écoles capitulaires. Il fut autorisé à les tenir rue du Clos, dans la maison de Philippe Rondot [2]. En 1560, il eut pour successeur Hugues Garnier [3].

Recteurs des écoles et des choriaux de Saint-Jean : Nicolas Chaleveaul, 23 juillet 1549 ; — de nouveau, Jean Boucault, 1549 ; — Pierre de Lizon, 20 mai 1551 ; — de nouveau, Jean Boucault, 1552 ; — Jean Durier, 20 septembre 1553-6 novembre 1555 ; sa succession est demandée par Jean Mailley, de Salins ; — Claude Rondot, recteur des écoles, 14 octobre 1556 ; — Gérard Vercel, avant 1557 ; — Hugues Garnier, recteur des écoles, 1560 ; — Pierre Berbien, avant 1564.

Recteurs des choriaux de Saint-Etienne : Hugues Vannier, 21 janvier 1551 ; — de nouveau, Richard Rennoisy, 1er juillet 1551 ; — Gilles Laurent, 20 juillet 1552 ; — Claude Barod, *al.* Berod' 9 août 1554-1580 ?

---

(1) G 195, 2 mars, 6 avril et 4 mai 1552, *fol.* 433 v° et 442.
(2) G 196, fol. 80.
(3) *Ibid.*, fol. 197.

VI

Les lauriers de l'Université de Dole empêchaient les édiles bisontins de dormir. Ceux-ci, qui ne pouvaient qu'à grand'peine avoir un collège, et encore quel collège ! n'en poursuivaient pas moins, comme leurs pères, et comme le feront leurs fils, pendant plus de trois siècles, le rêve d'avoir, eux aussi, leur Université. Ce rêve n'aurait pas pu être réalisé du vivant de Charles-Quint, qui avait comblé Dole de ses faveurs. Philippe II lui continuait son appui, et le cardinal de Granvelle, alors tout puissant, la couvrait de sa protection. Les Bisontins résolurent donc de s'adresser à l'empereur Ferdinand Ier et lui dépêchèrent le contrôleur Bercin. De même que ses devanciers, pour réussir dans leur mission, avaient vanté l'air salubre de Besançon, la fertilité de son territoire ou la science de certains de leurs concitoyens, Bercin fit à l'empereur un tableau flatteur de son climat, de son site, de ses places, de ses jardins, de la beauté de sa rivière, de la politesse de ses habitants, de leur attachement à la foi catholique et de leur fidélité à l'empire. Il fit surtout ressortir les avantages que la jeunesse allemande aurait à venir y étudier la langue française ; bref, les présents aidant, il obtint la faveur sollicitée. Par un diplôme donné à Vienne, le 15 janvier 1565, Ferdinand créait à Besançon un gymnase ou étude générale, comme on appelait alors les Universités, une Académie dont les membres pourraient enseigner et interpréter la théologie, le droit civil et le droit canon, les arts, la médecine, la philosophie et toutes les sciences, conférer, après examen rigoureux, les grades de bachelier, de licencié et de docteur, ainsi que cela avait lieu à Bologne, à Sienne, à Padoue, à Paris et à Vienne. Les maîtres et les étudiants pouvaient, avec l'assentiment des gouverneurs de Besançon, rédiger leurs statuts, élire le recteur, les syndics et les autres officiers de l'Université, etc., etc. Rien ne manquait au précieux privilège, qui fut rapporté à Besançon par Bercin, le 2 mai 1565 (1).

Le 28 juin, les gouverneurs décidèrent d'en demander au pape Pie IV la confirmation et de faire rechercher « ung docteur » fameux et homme de bien pour venir lire en ceste cité, avec » ung aultre sçavant personnage qui sera choisy pour institutaire (2). » Un an après, un chanoine de Sainte-Madeleine, Pierre de Montréal, « comme zelateur du bien publicque et » amateur de bonnes lettres, » fit offrir au Conseil, par son chapelain Doignon et par son notaire de Velle, pour la constitution d'un premier fonds en faveur de l'Université naissante, son domaine de Lavernay, qui représentait une valeur de plus de 1800 francs, somme importante pour l'époque. Les gouverneurs firent, le lendemain, transmettre par Thomas Nardin et Claude Potelet au généreux donateur l'expression de leur reconnaissance qu'ils firent consigner dans le registre des délibérations (3). Puis, comme il fallait que le collège fût digne de l'Université, Simon d'Anvers et Guillaume de Casenat furent chargés de s'entendre avec le principal pour l'élaboration d'un nouveau règlement et d'un programme plus large que l'ancien (4).

Pour inaugurer l'enseignement du droit, auquel les Bisontins paraissent avoir attaché le plus d'importance, les gouverneurs jetèrent d'abord leurs vues sur un franc-comtois, Pierre Loriot, de Salins, qui avait professé à Bourges, puis à Valence, et s'était

(1) Beaune et d'Arbaumont, *op. l.*, p. CXCII et CXCIII et 62-67 ; ms. Chiflet à la bibliothèque de Besançon, n° 12, fol. 85-90, contenant le texte du diplôme de l'empereur Ferdinand Ier, suivi des délibérations municipales prises en vue de faire bénéficier la ville de ce privilège ; archives municipales, layette 39.

(2) BB 20, fol. 97.

(3) *Ibid.*, fol. 272 ; Beaune et d'Arbaumont, *op. l.*, p. CXCIII et CXCIV, et archives municipales, layette 39.

(4) BB 30, 16 juillet, fol. 275.

acquis une légitime réputation comme jurisconsulte. A Besançon, il était tenu pour un des hommes les « plus fameux de l'Europe »(1). Le docteur Mercerot(2) fut désigné pour aller solliciter son concours et lui faire des propositions au nom de la ville. Jean d'Orival, principal du collège, aurait été nommé « instituaire » ou professeur d'Institutes.

Loriot devait sans doute être en ce moment sinon à Salins, du moins non loin de Besançon(3), car les gouverneurs furent presque immédiatement fixés sur ses intentions. Il refusa, mais les causes de son refus ne sont pas connues. Les gouverneurs, dans leur réunion du 9 août, se contentèrent de déclarer que, « pour bonnes et justes consideracions... l'on se passera de mon- » sieur Loriot, et sera mandé devers ung aultre docteur fameux, » surnommé Cujacius, estant a Valence(4). » On confia cette nouvelle mission au docteur Malarmey(5), qui était lié d'une ancienne amitié avec Cujas. Il était autorisé à traiter avec lui pour trois ans, à raison de 6 à 700 francs par an, plus le logement qui lui serait fourni par la ville. Dans le cas où Cujas accepterait, il serait prié de venir à Besançon le plus tôt possible ; sinon Malarmey chercherait un professeur à Valence ou dans une autre Université quelconque(6). Dans la lettre, du 10 août, dont il était porteur pour Cujas, les gouverneurs insistaient vivement pour que celui-ci consentît à faire dans leur cité « lecture publicque » en droit civil »(7).

Cujas alors n'était pas à Valence, comme le croyaient les gou-

---

(1) BB 30, fol. 292. — Sur Loriot, voir la *Biographie Michaud* et la *Biographie Didot*. — A cette époque, Loriot avait déjà publié son *De gradibus affinitatis commentarius* (1542 et 1551), son *De juris apicibus*, son *De juris arte tractatus XX* et son *Commentarius de regulis juris* (1555).

(2) Et non Matherot, comme l'impriment MM. Beaune et d'Arbaumont, *op. l.*, p. CXCVI-CXCVIII.

(3) Mercerot n'aurait pas pu, en si peu de temps, aller de Besançon à Valence, comme semblent le croire MM. Beaune et d'Arbaumont, *op. l.*, CXCVI ; encore à Besançon, le 6 août, il était de retour le 9.

(4) BB 30, fol. 293 v°.

(5) Et non Matherot, comme l'ont imprimé, p. CXCVII, MM. Beaune et d'Arbaumont. Cf. *ibid.*, p. 67-69.

(6) *Ibid.*, p. 68 et 69.

(7) *Ibid.*, p. 67 et 68. — Les très intéressants documents publiés par MM. Beaune et d'Arbaumont sont, pour la plupart, conservés au château de Grosbois-en-Montagne, dans la Côte-d'Or.

verneurs de Besançon, mais à Bourges, et il n'y était plus pour longtemps. Car au moment où Malarmey alla l'y trouver, il venait, probablement sur les conseils de la duchesse Marguerite, qui avait été sa protectrice à Bourges, d'être appelé à Turin par le duc Emmanuel-Philibert pour remplacer Govéa à l'Université de cette ville. A son grand regret, disait-il dans sa réponse du 24 août, il se voyait obligé de décliner les propositions si flatteuses des Bisontins. Il leur laissait cependant espérer qu'après un séjour de trois ou quatre ans à Turin, il pourrait se rendre à leur appel. En attendant, il leur signalait, comme parfaitement en état de remplir les fonctions de professeur de droit un de ses collègues de Bourges, Antoine Leconte[1], actuellement absent. Il offrait d'intervenir auprès de lui pour l'engager à accepter et promettait de faire bientôt connaître sa décision. Si lui non plus ne se décidait pas, les gouverneurs feraient bien de s'adresser à un de ses anciens élèves à Valence, Jean Hasten, natif de Gueldres, qui, bien qu'âgé de vingt-huit à trente ans seulement, était, à son avis, le plus savant jurisconsulte qu'il eût jamais rencontré. « Ce sera, ajoutait-il, ung grand bien pour » vostre ville, si le pouvés rencontrer. » Il terminait en conseillant aux gouverneurs de ne reculer devant aucun sacrifice, car, « tout partout ou nous voulons aller, les seigneurs et villes nous » offrent recompence fort grande et ample[2]. » A son retour à Besançon, le 4 septembre, Malarmey rendit compte de sa mission ; sept jours après, les gouverneurs émirent l'avis qu'il y avait lieu d'attendre le résultat des démarches de Cujas auprès de Leconte ; puis, ils écrivirent à Leconte et à Cujas pour avoir une réponse définitive[3]. D'une lettre de Leconte, du 31 octobre, il semble résulter qu'il avait accepté ; il renouvelait son acceptation, « pourveu, disait-il, que me donniez honneste recompense » et meilleur salaire que je n'ay par deça. » Il demandait en outre quelles conditions lui seraient faites[4]. Comme sa première lettre n'était pas parvenue à destination, les gouverneurs purent

(1) Sur Leconte, voir la *Biographie Michaud* et la *Biographie Didot*.
(2) Beaune et d'Arbaumont, *op. l.*, p. 69-71.
(3) Le texte de ces lettres est *ibid.*, p. 71 et 72.
(4) *Ibid.*, p. 76.

croire qu'il refusait. Ils écoutèrent donc les propositions qui leur étaient faites d'un autre côté.

Le 7 octobre, Pierre Bichet, un des co-gouverneurs, communiqua au Conseil une lettre de François Balduin, d'Arras, professeur de jurisprudence déjà célèbre (1), qui offrait de venir organiser l'enseignement du droit à l'Université. Antoine Mareschal fut désigné, séance tenante, pour aller à Paris traiter avec lui. Les conditions qui devaient servir de base à la convention à intervenir entre Balduin et la ville de Besançon étaient un peu meilleures que celles qui avaient été faites à Cujas. Mareschal avait pouvoir de lui proposer jusqu'à 800 francs, mais sans se croire cependant obligé d'aller jusqu'à cette somme (2). Il fit prix pour 700 livres, mais Balduin témoignait le désir d'être défrayé de toutes ses dépenses de voyage pour lui, sa famille et son mobilier. D'ailleurs, sans s'engager à fond dans le projet de convention, et dans la lettre, du 21 octobre, qu'il remettait à Mareschal, il annonçait aux gouverneurs qu'il arriverait à Besançon, dans six semaines au plus tard, afin de s'entendre avec eux (3). Quelques jours après, il demandait qu'on lui adjoignît un ou deux autres professeurs; puis, il s'excusait auprès de Mareschal de ne pouvoir pas partir pour Besançon ; enfin, de nouveau encore, il écrivait qu'il ne serait pas libre avant le printemps. Il était impossible de mieux se moquer des gens, et ce n'était pas tout. La vérité est qu'il négociait avec Douai et avec Bruxelles, bien disposé à n'accepter que le poste le plus lucratif. Fatigués de ces subterfuges, les gouverneurs résolurent, une fois de plus, de chercher ailleurs l'oiseau rare qui leur échappait toujours (4).

Ce qui put les consoler de cette suite de mécomptes, ce fut leur succès en cour de Rome. Afin d'être plus sûrs d'obtenir du pape la confirmation du privilège de l'empereur Ferdinand Ier, ils joignirent à leur requête une copie de la bulle de Nicolas V accordant à Besançon une faculté des arts et de celle de Pie II

(1) Sur Balduin, voir la biographie que lui a consacrée M. Wicquot, bibliothécaire de la ville d'Arras, Arras, 1890, in-8° de 189 pages. Ses pourparlers et ses différends avec la ville de Besançon y sont presque passés sous silence.

(2) BB 30, fol. 308.

(3) *Ibid.*, fol. 315 v°.

(4) BB 31, fol. 11.

relative au droit de juridiction des conservateurs des immunités universitaires, adressée en 1459 à l'official du diocèse. Pie V, qui ignorait sans doute la réalité de la situation, donna, peu après son élévation au pontificat et dans les premiers mois de l'année 1567, la bulle qui érigeait à Besançon, sous le nom de « collegium » scholarium », les facultés de théologie, de droit canon et de droit civil, de médecine et de philosophie, avec pouvoir de conférer les grades, de construire une église ou une chapelle, etc. (1)

Besançon avait donc enfin ou croyait avoir l'Université tant désirée. Quel moment pouvait être plus propice pour doter la ville d'un collège modèle, où la jeunesse studieuse se préparerait dignement à recevoir l'enseignement supérieur ! Le 24 mai 1567, était promulgué un nouveau règlement, contenant en même temps un programme d'études, qui méritent, l'un et l'autre, d'être résumés. Rédigés en latin, puis traduits en français, ils sont, du moins en grande partie, l'œuvre du médecin Guillaume de Casenat, qui devait, en 1574, devenir recteur de l'Université... de Dole.

Le choix des maîtres appartiendra au Conseil, qui s'assurera surtout de leurs connaissances, de leur vertu et de leur doctrine. Ils devront enseigner la piété, les bonnes mœurs, les principes de la science et les langues, afin d'accoutumer leurs élèves à vivre honnêtement et à parler élégamment.

Leurs gages leur seront payés sur les deniers publics et sur les rétributions des particuliers, aux termes et au taux qui seront fixés par le principal. Les régents ne pourront s'en aller ou s'absenter sans se faire remplacer. Au cas où la chose ne serait pas immédiatement possible, les élèves seraient répartis dans les autres classes, selon leurs aptitudes.

En attendant que l'Université soit définitivement organisée et pourvue de docteurs pour les hautes études, la grammaire sera particulièrement enseignée au collège.

Afin d'entretenir l'émulation, le magistrat ne devra tolérer dans la cité qu'un seul collège, commun à tous. Toutes les écoles tenues par des particuliers et non autorisées par le magistrat

---

(1) Beaune et d'Arbaumont, *op. l.*, p. CXCV. La date de la bulle de Pie V est effacée dans le document qu'ils ont eu sous les yeux.

seront supprimées et réunies au collège, « tout ainsi qu'il seroit » absurde en ung petit troppeaul de berbis donner a chascune » un pasteur et son pasquier a part. » Si, de la sorte, le nombre des écoliers devenait trop considérable pour être contenu dans un seul collège, il serait avisé.

« Ce qui est dit sans intention de retarder ou empescher les » seigneurs du Chapitre de l'affection et desir qu'ils doibvent » avoir a l'erection des escholes publiques. »

Le collège sera divisé en quatre classes. Dans la quatrième, le régent devra apprendre aux enfants à bien lire et écrire. Un an devra suffire pour leur enseigner les déclinaisons et les conjugaisons et les graver dans leur mémoire. Ceux qui seront les plus avancés pourront s'exercer à traduire de courtes et familières lettres de Cicéron : « ils s'initieront ainsi a la fin de leur premiere » année a quelques grossieres formules de parler latin. »

Dans la troisième classe, deux heures par jour seront consacrées à l'étude de la grammaire. On évitera les règles trop difficiles pour l'intelligence des élèves. « On leur montrera ensuite ce » qui est le plus propre et necessaire au grammairien » et on leur fera faire quelques thèmes. Le reste du temps sera employé à la « lecture » des Eglogues de Virgile et des lettres de Cicéron.

Dans la seconde classe, l'écolier s'exercera à la composition, répètera ce qu'il a appris de la grammaire et « emploiera le reste » du temps a la connoissance des choses. » On expliquera le *de Amicitia* et le *de Senectute* de Cicéron, les comédies de Térence, l'Enéide de Virgile et les textes les plus « pudiques » d'Horace, de Catulle et de Tibulle.

Comme, en raison du petit nombre des maîtres et des écoliers, la philosophie ne peut pas être utilement enseignée au collège, elle sera remplacée, dans la classe supérieure, par l'étude du grec. Les six premiers mois seront, une fois par jour, consacrés aux principes de la grammaire. Les trois mois suivants, on lira, une heure chaque jour, quelques fables d'Esope des plus faciles, et, le reste de l'année, également une heure par jour, les Olynthiennes de Démosthène. Une autre heure sera employée à la lecture du *de Officiis* de Cicéron et une troisième aux Géorgiques de Virgile. On y joindra les discours de Cicéron, quelques préceptes de rhétorique, comme les Partitions oratoires, et des textes de Salluste. Chaque matin, le principal fera une leçon commune à tous les écoliers : il interprétera lesdits textes de Salluste ou d'autres auteurs, et il interrogera les élèves pour s'assurer s'ils ont fait des progrès.

Les conversations des écoliers ne devront porter que sur des sujets honnêtes ou relatifs à leurs études. Les propos inconvenants et les mensonges seront punis. On ne tolérera ni les querelles, ni les rixes, ni l'oisiveté. Les bons seront récompensés, les méchants châtiés. Dans les punitions, les maîtres ne devront pas être trop sévères ; ils éviteront de frapper, mais ils ne seront pas non plus trop doux ; ils s'efforceront en toute circonstance de garder une juste mesure.

Il leur est recommandé de suivre et de favoriser le développement de l'intelligence de leurs élèves, de cultiver soigneusement leur mémoire, de leur faire répéter et réciter leurs leçons.

Leurs cours ne seront ni trop longs, ni prolixes. Ils appelleront l'attention de leurs auditeurs sur les meilleurs passages des auteurs qu'ils expliqueront. Leur enseignement sera simple et à la portée des écoliers. Ils ne traiteront pas plus de trois matières par jour, ni moins de deux ; ils donneront cinq heures au plus et quatre heures au moins à leurs leçons ordinaires. Ils décideront si leurs élèves doivent, chaque année, passer d'une classe dans la classe supérieure ou si, en raison du petit nombre des classes, ils doivent redoubler. Les jours de fêtes, les maîtres liront quelques fragments de l'Ecriture sainte.

La matière des devoirs et le moment où ils devront être traités seront fixés par les maîtres, qui auront à les revoir et à les corriger. Les meilleures compositions seront lues publiquement. De même, il y aura, de temps en temps, des exercices publics de déclamation. Le passage d'une classe à l'autre sera précédé de disputations entre les élèves inférieurs et les premiers ; celui qui se sera le plus distingué recevra « le trophée du aux bons et » vertueux esprits. »

Les enfants nourris chez leurs parents seront licenciés, en été, à 9 heures du matin et à 5 heures du soir ; en hiver, à 10 heures du matin et à 5 heures du soir.

Enfin, il leur était recommandé de garder au collège « telle » concorde que les poetes feignent estre observé (*sic*) entre les » muses en Helicon et au mont Parnasse. »

Les gouverneurs devaient, alternativement une fois par mois, se transporter au collège, pour se rendre compte par eux-mêmes de la situation (1).

Dans l'intervalle, un citoyen de Besançon, Jean des Potots, consulté par les gouverneurs que les hésitations de Balduin avaient mis dans le plus grand embarras, leur avait signalé un professeur de droit de l'Université de Pavie, où peut-être comme beaucoup d'autres franc-comtois il avait étudié, d'un mérite tout à fait exceptionnel. Il se nommait Thomas Gualla. C'était, dit des Potots, un « professeur publique du droict civil en la fa- » meuse academie Ticinoise, stipendié du senat de Millan, » homme meur, eagé, experimenté, de bonne reputation, con- » versation saincte et catholique vie, vertueux, bening, » prudent, diligent, disert, eloquent, prompt, methodique a » enseigner, d'acutz espritz et d'admirable ou plus tost divine » memoire, sçavoir et erudition (2). » A tout prix, Besançon devait acquérir le concours d'un pareil homme, car, sans aucun doute, sous sa direction la nouvelle Université ne pouvait manquer d'arriver promptement à un rare degré de prospérité. Jean des Potots fut par les gouverneurs délégué à Pavie auprès de Gualla, afin de lui proposer de venir professer le droit à Besançon, surtout s'il l'enseignait à la mode française. Les conditions étaient toujours les mêmes : engagement pour trois ans, 800 francs de gages annuels, le logement, ses frais de voyage étant payés par la ville. Comme toujours encore, des Potots faisait à Gualla le plus magnifique tableau de Besançon : « de la fertilité, » amenité, salubrité, serenité et bonté de l'air du pays, de la si- » tuation de nostre noble cité, des rares commodités qu'elle » contient en soy, des antiquitez qui s'y retrouvent, des libertés » et franchises d'icelle, du nombre des gents affables, courtois et » excellens en toutes sciences, arts et facultés, de la fidelité et » preudhomie du peuple qu'elle contient entre son spacieux

(1) BB 31, fol. 88 v°-94. Publié par extraits dans Castan, *Notes sur l'histoire municipale de Besançon*, p. 63-66, et *in extenso*, par M. Jules Gauthier dans les *Documents inédits sur l'histoire de la Franche-Comté*, publiés par l'Académie de Besançon, t. VII, p. 491 et suiv.

(2) Beaune et d'Arbaumont, *op. l.*, p. 83.

» circuit, » etc., etc. (1) Comme si cela n'eût pas été suffisant, les gouverneurs écrivaient à des Potots d'avoir bien soin de faire remarquer à Gualla que la vie était moins chère à Besançon qu'en Italie (!), et cela dans le cas, qu'ils prévoyaient bien, où Gualla trouverait les propositions trop modiques. C'est ce qui arriva effectivement. Gualla demanda d'abord 500 écus ; des Potots fit part de ses exigences à la municipalité bisontine, en laissant espérer qu'il se contenterait de 400 écus et qu'il s'engagerait pour six ans. Finalement Gualla ne voulut pas traiter pour moins de 1000 francs. Devant ces prétentions, les gouverneurs refusèrent (2). Pour n'avoir pas suivi le conseil de Cujas, pour n'y « avoir pas mis le prix », il leur fallut, une fois de plus, chercher ailleurs. Et, pendant ce temps là, aucun d'eux ne paraissait se douter que les frais de missions des Mercerot, des Malarmey, des Mareschal et des des Potots montaient, montaient toujours, et que, en les joignant au traitement qu'ils avaient proposé à Loriot, à Cujas, à Leconte, à Balduin et à Gualla, ils auraient peut-être décidé quelqu'un de ces grands esprits à venir se fixer à Besançon.

Au commencement de septembre de cette même année 1567, mourut Pierre de Montréal, le généreux chanoine qui avait fait à l'Université don de son domaine de Lavernay. Le 7, les gouverneurs rendirent un hommage public à cet « homme vertueux » et catholicque, amateur de la patrie, promoteur des bonnes » lettres et le reffuge des pauvres ; » ils décidèrent d'assister en corps à ses obsèques (3). Mais, quelques jours après, cette donation fut contestée par M. d'Orsans, l'exécuteur testamentaire, qui se retranchait derrière l'article du droit coutumier, en vertu duquel « tous-corps, universitez et colleges ne peuvent tenir telz » biens au prejudice du seigneur (4). » Ces difficultés ne tardèrent pas à s'aplanir. Après plusieurs mises en vente successives, le domaine, qui était estimé à un peu plus de 1800 francs, fut adjugé, le 21 novembre 1568, à Antoine Monnyet pour la somme de 2500 francs.

(1) Beaune et d'Arbaumont, *op. l.*, lettre du 15 avril 1567, p. 83 et 84.
(2) *Ibid.*, p. 86-88 et CCIX.
(3) BB 31, fol. 195 v°.
(4) *Ibid.*, fol. 205.

Il a été dit plus haut que le pape Pie V avait confirmé le privilège de l'empereur Ferdinand Ier. La nouvelle que Besançon allait avoir une Université avait jeté la consternation dans la ville de Dole. L'ambassadeur d'Espagne à Rome fit des remontrances au pape. Pie V n'eut pas de peine à reconnaître qu'il était en effet contraire au bon sens d'avoir à quelques lieues l'un de l'autre deux établissements d'enseignement supérieur, d'autant plus que les études n'avaient pas cessé d'être florissantes à Dole. Par une bulle du 23 octobre 1567, il révoquait donc purement et simplement celle par laquelle il avait autorisé la création de l'Université de Besançon (1).

(1) Beaune et d'Arbaumont, *op. l.*, p. 89-90.

VII

Au commencement de l'année 1569, le collège Granvelle, dont les bâtiments sont actuellement occupés par la bibliothèque publique, était construit. A en juger par une quittance d'Antoine Lebel, qui s'intitule « professeur en saincte théologie en la cité, » et reconnaît avoir reçu de Jean Amyot, secrétaire de madame de Granvelle, la somme de 100 francs pour six mois de ses gages « de lecture en ladicte cité (1), » le cours de théologie que Nicolas Perrenot et sa femme avaient fondé, par leur codicille du 5 janvier 1550, existait toujours. Mais leur œuvre « n'auroit encoire » esté entierement accomplie, » — c'est Nicole Bonvalot qui nous l'apprend par ses testament et codicille du 20 mars 1569, — et c'est pour la parfaire qu'elle prend les dispositions suivantes :

D'abord, elle institue à perpétuité au collège Granvelle un docteur et professeur de théologie, qui sera tenu de faire, chaque jour non férié, une leçon tant pour les jeunes gens qui se destinent à l'état ecclésiastique que pour ceux qui voudront y assister. Ce professeur sera désigné par Thomas Perrenot, sieur de Chantonnay, et Frédéric Perrenot, sieur de Champagney, ses fils. Il recevra par an 200 francs de gages, payables par semestre.

---

(1) 8 janvier 1568. Notes d'Aug. Castan, obligeamment communiquées par madame Castan : « recueil concernant Frédéric Perrenot, » que je n'ai pas pu identifier.

De même, elle institue un régent de grammaire, « homme de » bonne vie et erudition, » qui sera également à choisir par ses héritiers, et sera chargé d' « instruire aux bonnes lettres et en » bonnes mœurs » huit écoliers, appelés boursiers, qui résideront au collège, et de pourvoir à leur entretien. Il devra faire, chaque jour non férié, deux leçons, et, les jours fériés, une. Il sera payé à raison de 100 francs par an, la moitié par semestre, et il aura sa demeure au collège. Il aura, pour le seconder dans l'instruction, la surveillance et l'entretien des boursiers, un « subalterne » ou adjoint, nommé par les héritiers de madame de Granvelle et qui aura, outre son logement au collège, 50 francs de salaire annuel, payables par semestre.

De ces huit boursiers, dont la désignation appartient à Thomas et à Frédéric Perrenot, trois seront choisis conformément au désir exprimé de vive voix, quelques jours avant sa mort, par Charles Perrenot, sieur de Faverney, à sa mère qu'il avait faite son héritière universelle. Les cinq autres bourses seront une fondation personnelle de Nicole Bonvalot. Elles seront aussi attribuées par ses héritiers.

Les boursiers seront âgés de douze ans ou plus et nés de légitime mariage ; ils devront savoir lire et écrire suffisamment pour pouvoir suivre au collège, pendant cinq années consécutives, les cours de lettres. Après les cinq années révolues, ils seront remplacés par huit autres, et ainsi de suite à perpétuité. Chaque jour, ils assisteront, sous la conduite du régent ou de son subalterne, à la messe fondée par Nicolas Perrenot et par elle à l'église des Carmes de Besançon.

Dans le cas où un des boursiers viendrait à interrompre ses études ou mériterait de se faire renvoyer dans le cours des cinq années, il sera pourvu par les héritiers de madame de Granvelle à son remplacement. Il en serait de même pour le professeur de théologie, le régent de grammaire et le subalterne, s'ils ne s'acquittaient pas de leurs obligations.

Les boursiers seront logés dans les huit petites chambres faites pour eux au rez-de-chaussée du collège. Le prix de leur pension annuelle sera de 240 francs ou 30 francs pour chacun, payables par moitié tous les semestres au régent, qui sera tenu de nourrir et de chauffer lesdits écoliers « en la cuisine dudict college.. » le tout raisonnablement. »

Le subalterne et les boursiers devront obéissance au régent, sous peine d'expulsion ou de punition.

La somme affectée à la fondation sera payée à raison de 500 francs par les héritiers de Nicolas Perrenot et à raison de 90 francs par la testatrice, comme héritière de Charles Perrenot. Le cardinal de Granvelle sera chargé de l'exécution de cette volonté. En cas d'empêchement, cette somme sera employée à l'établissement d'un hôpital de vieillards (1).

Le premier régent du nouveau collège fut Pierre de Soye, qui, le 6 octobre 1569, donna quittance d'une somme de 80 francs, qui lui fut avancée « pour la nourriture de huictz bourciers que ma» dicte dame [de Granvelle] desire mectre et instituer en son » college, » ce qui semble indiquer qu'il ne fut pas ouvert immédiatement (2).

La fondation du collège Granvelle et la tentative de réorganisation du collège de la ville stimulèrent le zèle de Mathieu de Jallerange, qui avait été nommé écolâtre, le 28 septembre 1569. Il voulait, lui aussi, réformer les écoles capitulaires qui en avaient grand besoin. Le 3 novembre, il vint proposer au Chapitre un règlement préparé par lui. La discussion en fut renvoyée à plus tard (3). Elle n'eut même pas lieu, car l'écolâtre fut presque constamment en procès avec les chanoines au sujet de sa place au chœur ; bien plus, soupçonné de pencher vers les nouvelles doctrines, il dut se disculper publiquement du reproche d'hérésie et rédiger par écrit une profession de foi catholique qui a été consignée dans le registre des délibérations (4). Le seul article de la réforme du Chapitre, du 5 juillet 1570, se rapportant à peu près aux enfants des écoles capitulaires est relatif aux choriaux. Les recteurs sont invités à les accompagner ou à les faire accompagner dans le trajet de leur maison à l'église et à leur retour et à les empêcher de vagabonder. Il est aussi prescrit aux choriaux de siffler, sans acception de personnes, quiconque ne se tien-

(1) Bibliothèque de Besançon, n° 45 de la collection Chiflet, fol. 117 v°-121 v°.

(2) Notes d'Aug. Castan, « recueil Champagney. » — Sur Pierre de Soye, voyez Castan, *Catalogue des incunables de la bibliothèque publique de Besançon*, p. 73, n. 2.

(3) G 196, fol. 107 v°.

(4) *Ibid.*, 8 février 1570, fol. 117.

dra pas bien ou d'asperger avec de l'eau bénite ceux qui dormiront au chœur (1).

Il existe de Jean d'Orival le texte d'une quittance, du 8 juillet 1569, de la somme de 87 francs 1/2, pour la pension des « sept escholliers de Luxeu, » versée par madame de Granvelle. Les écoliers dont il s'agit sont les boursiers de la fondation de François Bonvalot (2). C'est le dernier acte de sa carrière administrative parvenu à ma connaissance. Il mourut dans la première moitié de l'année 1570, car, au mois de juillet, on payait à Anne Rigaud, sa veuve, le dernier quartier de ses gages (3), et, le 23 août, un traité intervint entre la ville et son successeur au principalat, André Berson, de Paris, maître ès arts, qu'un certain Charpentier, à qui les gouverneurs avaient délégué Denis Picquet, vigneron, avait découvert (4).

Par ce traité, Berson s'obligeait à entretenir deux régents « de bonne vie, qualité et condition » et, en cas d'insuffisance, à les remplacer par d'autres, « idoines ». Outre le logement dans l'ancien collège et les gros meubles qui lui étaient fournis, il recevrait 200 francs par an, tant pour ses gages que pour ceux des régents, leur nourriture et leur entretien, et 50 francs, une fois donnés, pour le transport de son mobilier et son entrée en ménage. A son arrivée à Besançon, il fut logé à l'hôtel de l'Ours (5). Le nouveau principal inaugura ses fonctions le 28 septembre (6).

Son administration ne fut pas florissante. Il eut à lutter contre la grande « chierté du temps », qui est constatée dans les registres municipaux (7), contre la concurrence que faisaient au collège les écoles privées et qui lui enlevait des écoliers. La fermeture du collège eût été inévitable, si les gouverneurs avaient donné suite au projet de l'archevêque de fonder un séminaire

---

(1) G 196, fol. 132. — Cf. aussi G 194, 14 et 28 février 1543, fol. 223 v° et 227 v°, et G 198, 22 novembre 1581, fol. 22.
(2) Notes d'Aug. Castan.
(3) CC 50.
(4) *Ibid.*
(5) *Ibid.*
(6) BB 32, fol. 176 v°.
(7) BB 33, fol. 225 v°.

« selon la forme du concile de Trente[1], » projet dont ils furent avisés déjà le 21 novembre 1571, puis le 27 janvier suivant. Ce collège ou séminaire aurait été installé au couvent des Cordeliers et dirigé par les Jésuites, « sans frais pour la cité », est-il dit dans la proposition qui leur était faite. Invités par l'archevêque à solliciter avec lui l'autorisation du pape, les gouverneurs différèrent leur réponse, dans l'attente de jours meilleurs[2].

Pour briser la concurrence qui était une des principales causes de la ruine du collège et dont se plaignait Berson, ils commencèrent par intimer, le 11 avril 1572, à Claude Rondot, maître ès arts et recteur d'une école privée, et à Pierre de Soye, recteur du collège Granvelle, l'ordre sinon de fermer leurs écoles, du moins d'envoyer leurs pensionnaires au collège municipal et de leur en faire suivre les cours, sous peine de 50 livres d'amende[3]. Claude Rondot s'empressa de s'exécuter et de se faire réintégrer, le 16, dans les fonctions de recteur des écoles capitulaires, fonctions qu'il avait déjà occupées auparavant et dans lesquelles il s'était signalé par sa compétence, sa conduite, sa bonne foi, sa probité et sa diligence[4]. J'ignore ce que fit Pierre de Soye. André Berson obtint une indemnité de 50 francs, « en considéra-» tion des grandes chiertez et aultres incommoditez que luy sont » survenues et continuellement dois qu'il est entré en la charge » dudict college[5]. Mais il ne put pas tenir plus longtemps. Le 29 mai, il vint offrir sa démission aux gouverneurs. Il donnait pour raisons de sa démarche la dureté des temps, la diminution des écoliers de la ville et l'impossibilité d'en recruter à l'étranger[6]. Il fut remplacé par Antoine Huet, dont le mobilier fut amené, au mois de juillet, aux frais de la ville[7]. Nous retrouve-

---

(1) BB 33, fol. 148 v°.
(2) *Ibid.*, fol. 180.
(3) *Ibid.*, fol. 203.
(4) G 197, fol. 192.
(5) BB 33, fol. 203.
(6) *Ibid.*, fol. 225. — En 1585, André Berson succéda comme recteur des écoles de Vesoul à Jacques Naudot, que nous trouverons en la même qualité à Besançon. Dans l'intervalle, il s'était fait recevoir docteur ès droits. (L. Lex, *L'ancien collège de Vesoul* (1576-1796), p. 1).
(7) CC 50.

rons souvent Huet sur notre chemin, comme nous y retrouvons François Balduin.

Pendant plus d'un an, Balduin n'avait pas donné signe de vie aux Bisontins, qui ne connurent qu'assez longtemps après la bulle de révocation donnée par le pape Pie V et qui désiraient plus que jamais voir leur Université définitivement fondée. Le 3 juillet 1568, il reprit avec les gouverneurs les négociations interrompues, en les assurant que s'il n'avait pas, jusque là, tenu l'espèce d'engagement pris antérieurement par lui, il en avait été empêché par les troubles, qu'il n'attendait que des circonstances plus favorables, etc. (1) D'un autre côté, il écrivit un peu plus tard à Antoine Mareschal, l'intermédiaire dont il a déjà été question, qu'il serait bon qu'il pût venir à Besançon pour s'entendre avec les gouverneurs, et qu'il lui laissait le soin de décider « quel mandement seroit prealablement necessaire » (8 janvier 1569). Enfin, après un échange de lettres avec les gouverneurs, il arriva à Besançon, le 8 juillet.

Il fut reçu avec des honneurs qui n'étaient d'ordinaire réservés qu'aux personnages de marque. On lui fit présent de deux pots de vin blanc et de vin clair et d'une boîte de dragées. Pierre Bichet et Mareschal furent désignés pour discuter avec lui sur les gages qu'il exigerait pour enseigner le droit civil (2).

Dès le 11 juillet, Balduin fit à la maison consistoriale ou hôtel de ville, en présence des gouverneurs, des notables et d'une partie de la population, une conférence sur l'établissement de l'Université, — il ne s'agissait alors que de cours de droit, — les moyens d'y parvenir et les avantages qui en résulteraient pour la cité (3).

Trois jours après, les gouverneurs réglaient la grave question du traitement qui n'avait cessé d'être le principal obstacle à la réalisation de leurs desseins. Ils fixaient les gages de Balduin à 800 francs par an, plus 50 ou 60 francs pour le loyer d'une maison que la ville mettait à sa disposition. En outre, les frais de son voyage de Paris à Besançon lui seraient payés, ainsi que

(1) Beaune et d'Arbaumont, *op. l.*, p. 91-92.
(2) BB 32, fol. 97.
(3) *Ibid.*, fol. 97 v°.

ceux du voyage de sa femme et du transport de son mobilier. Comme on lui demandait de signer un engagement pour une époque déterminée, il n'avait pas voulu y consentir ; il se contentait d'affirmer son désir de terminer ses jours à Besançon. Tout ce que l'on put obtenir de lui à cet égard, ce fut de promettre que, dans le cas où il voudrait quitter Besançon, il préviendrait les gouverneurs six mois à l'avance (1). Comment auraient-ils pu douter un instant de la parole d'un professeur de droit, du recteur de l'Université de Besançon? Malgré ce qui s'était passé, ils n'auraient pas osé y songer.

Maintenant qu'ils avaient un recteur, qui était en même temps professeur, il fallait un local; il fallait aussi des officiers. Pour le local, ils jetèrent leur dévolu sur la Tête noire, maison où avait été, pendant longtemps, une des étuves de la ville et à côté de laquelle il y avait eu un jeu de paume actuellement abandonné. Sur l'emplacement de celui-ci, on construirait deux grandes salles, ce qui serait d'autant plus facile qu'il existait déjà des murs assez élevés. En attendant, les cours seraient faits à la salle des Carmes. Tout ceci se passait le 15 juillet (2).

Le 20, sur la présentation de Balduin, Jean Grégoire, trésorier de la ville, était nommé scribe de l'Université.

Le 21, Balduin inaugurait ses leçons de droit civil en la salle des Cordeliers, non en celle des Carmes; le 23, Florent Demoingesse, libraire, était institué bedeau (3). Quelques jours après, un docteur Richard, de Besançon, commençait un cours, et Balduin « excita plusieurs jeunes docteurs, natifs et originelz dudict lieu, » de s'employer et soutenir disputes en droit esquelles il » assista (4). » Avec d'aussi brillants débuts, les Bisontins se voyaient largement récompensés de leur persévérance et de leurs sacrifices. S'ils n'avaient pas eu Loriot, Cujas, Leconte et Gualla, ils avaient Balduin.

Balduin, on l'a vu, avait laissé à Paris sa femme et son « mesnage ». Il avait à y traiter certaines affaires domestiques

(1) BB 32, fol. 100.
(2) *Ibid.*
(3) *Ibid.*, fol. 101.
(4) Beaune et d'Arbaumont, *op. l.*, p. CCXI.

restées en souffrance. Il fit connaître aux gouverneurs son intention de s'absenter quelque temps. Pour bien leur montrer qu'il était disposé à revenir, il signa avec eux, le 17 août, un traité par lequel il s'engageait à continuer son cours de droit civil aux conditions indiquées plus haut. Les gouverneurs eurent même la gracieuseté d'y ajouter le paiement de son voyage de Besançon à Paris et de son retour.

Il venait à peine de quitter les rives du Doubs qu'éclatait dans Besançon, ainsi qu'un coup de foudre, la nouvelle que Pie V avait révoqué la bulle d'érection de l'Université. Notification en fut faite à toute la province, au moyen d'exemplaires imprimés de la bulle du 23 octobre 1567, qui fut placardée dans Besançon. Il est inutile de dire que l'émotion causée fut immense, — comme la joie des Dolois. Aussitôt, le 12 septembre, les gouverneurs députèrent l'écuyer Etienne Sauget à Rome, où se trouvait alors Claude de la Baume, archevêque de Besançon. Il était chargé de prier l'archevêque et, au besoin, le cardinal Othon Truchses de Waldbourg, évêque d'Augsbourg, protecteur des affaires de l'Empire, d'intervenir le plus instamment possible auprès du pape afin d'obtenir le retrait de la bulle de révocation. Il était porteur d'une supplique à Pie V, d'une copie du privilège de l'empereur, de lettres à Claude de la Baume, au cardinal d'Augsbourg, etc. L'archevêque parvint, non sans quelque peine, à intéresser celui-ci à l'affaire ; il eut du pape une audience au cours de laquelle la requête des Bisontins fut remise par Sauget, mais il ne rapporta de cette première visite que de banales paroles de bienveillance. Sauget revint à Besançon avec des lettres des deux prélats, qui promettaient de continuer leurs bons offices, mais non sans laisser entendre que le résultat était d'autant plus incertain que l'on n'avait rien négligé, du côté de Dole, pour nuire aux intérêts de Besançon. Il rendit compte de sa mission aux gouverneurs, le 10 décembre 1569 (1).

Balduin n'était pas de retour à Besançon ; il ne manifestait même pas l'intention d'y revenir. Cependant il avait reçu une somme qui était évaluée à 500 francs. Les gouverneurs, déjà

(1) Beaune et d'Arbaumont, *op. l.*, p. 94-101 et CCXVIII-CCXL ; BB 32, fol. 127 v°, 128 et 164.

irrités d'avoir perdu leur Université, n'étaient pas moins furieux d'avoir été mystifiés par leur éphémère recteur ; ils estimaient avec raison que ses services et ses leçons ne valaient pas ce qu'ils avaient coûté à la ville. Aussi, le jour même où Sauget leur faisait part de son insuccès à Rome, décidèrent-ils de lui signifier son congé et, selon la formule ordinaire, si souvent employée par eux, de se pourvoir ailleurs. Mais ils avaient un gage : les meubles et les livres de Balduin. En attendant une solution satisfaisante, on les laissa chez Petremand, où ils avaient été déposés (1).

Il a été dit (2) que Balduin n'était venu à Besançon qu'avec le désir bien arrêté de n'y pas rester ; que, pendant son séjour dans cette ville, il était en pourparlers avec Philippe Hurault, chancelier du duc d'Anjou, qui avait songé à lui pour l'organisation de l'Université d'Angers, et qu'il aurait été rappelé à Paris par sa femme, sous prétextes d'affaires urgentes. C'est possible, et je le crois capable de n'avoir eu aucun scrupule de manquer à ses engagements. Mais peut-être aussi fut-il de bonne foi. Ne fut-il pas plutôt empêché de revenir par la nouvelle que l'Université n'existait plus? car, autrement, on ne s'expliquerait pas l'envoi à Besançon de ses meubles, de ses livres et de ses papiers. Bref, c'est à son mobilier, à ses papiers et à ses livres que les gouverneurs s'en prirent. Ils les firent apporter à la maison consistoriale (3) ; Bichet, Mareschal et Simon d'Anvers furent chargés de faire l'inventaire de ces derniers (4).

A la signification de son congé et à la mise en demeure d'avoir à rembourser ce qu'il avait indûment reçu, Balduin répondit aux Bisontins par une première lettre dans laquelle il se plaignait du ton de leurs réclamations ; il ajoutait que s'il était venu chez eux, c'était pour professer dans leur Université, que du moment qu'ils n'avaient plus d'Université, il était délié de tout engagement à leur égard, qu'il était prêt à s'en rapporter à un arbitrage, même à celui de l'Université de Dole, que d'ailleurs le roi d'Espagne, son ambassadeur Louis de Requesens, le duc d'Albe et le duc d'Anjou sauraient lui faire rendre justice. Le lendemain,

(1) BB 32, fol. 164.
(2) Beaune et d'Arbaumont, *op. l.*, p. CXII.
(3) BB 32, fol. 185.
(4) *Ibid.*, fol. 210 v°.

2 avril, il essaya de prendre les gouverneurs par leur faible ; il les assurait qu'aussitôt l'Université rétablie, il viendrait faire son cours, ainsi qu'il était convenu ; seulement il demandait que ses meubles, ses livres et ses papiers lui fussent renvoyés (1).

Cette fois, ce furent les gouverneurs qui firent la sourde oreille. Les lettres de Balduin furent d'autant plus mal accueillies qu'elles coïncidaient presque avec un refus de l'empereur de reconnaître l'Université de Besançon (6 avril) et l'interdiction par Philippe II à ses sujets du comté de Bourgogne d'étudier hors de l'Université de Dole, excepté à Rome (8 mai) (2). Alors Balduin fit intervenir d'abord le duc d'Anjou, qui fut plus tard Henri III, puis Charles IX, qui donnait six semaines aux gouverneurs pour accorder satisfaction à Balduin, sous peine de représailles, lesquelles, à la demande de celui-ci, auraient consisté en la saisie des biens des Bisontins sis en France (3). Les gouverneurs répondirent aux lettres comminatoires du roi par une sorte de mémoire, dans lequel ils exposaient leurs droits d'une façon très digne et très ferme, mais, par déférence pour lui, ils consentiraient à céder si Balduin remboursait (3 novembre 1571). C'est à peine s'ils firent attention aux démarches du duc d'Albe, du cardinal de Granvelle et d'autres qui s'intéressaient à Balduin.

Deux années se passèrent. De guerre lasse, Balduin finit par envoyer son beau-fils Philippe Labbé à Besançon pour traiter avec les gouverneurs. Labbé offrit d'abord 100 écus ; les gouverneurs demandaient 500 francs ; finalement un arrangement intervint pour 400 francs. Labbé paya. Les meubles et les livres, ceux-ci contenus dans quinze tonneaux, furent rendus, à l'exception de quelques ouvrages « conservés pour l'usage public » et d'un certain nombre de volumes qui furent brûlés devant la maison consistoriale, après avoir été déclarés suspects par le principal du collège, par un jésuite et par Pierre Maignin, docteur en théologie (4).

Telle est, en résumé, l'histoire de la première Université de Besançon.

---

(1) Beaune et d'Arbaumont, *op. l.*, p. 103-106.
(2) *Ibid.*, p. 106-110.
(3) BB 33, fol. 137 v°-138.
(4) Beaune et d'Arbaumont, *op. l.*, p. CCXV-CCXVII et 112-131 ; BB 34, fol. 309, 311, 312, 327-328, 334.

VIII

Sous l'administration d'Antoine Huet, le collège municipal paraît n'avoir que médiocrement prospéré. Au mois de juillet 1573, les gouverneurs avaient dû lui accorder « liberale-» ment » une gratification de 12 francs qu'il leur avait demandée[1] ; au mois de novembre suivant, comme il avait sollicité une augmentation de ses gages, les gouverneurs profitèrent de cette occasion pour l'inviter à chercher ailleurs une autre situation[2]. Ils avaient précisément sous la main, à Besançon même et comme par hasard, un remplaçant pour Huet. Il se nommait Jacques Naudot. Deux d'entre eux, Petremand et Chosal, furent désignés afin de s'entendre avec lui[3].

Naudot était du diocèse d'Autun[4]. Son nom figure parmi les théologiens de Sorbonne en 1560[5]. Deux ans plus tard, il enseignait les belles-lettres au collège de Navarre, où nous le voyons qualifié de *magister grammaticorum*[6]. Le 10 octobre 1562, il était élu recteur de l'Université de Paris[7]. Le recteur sortant, en l'investissant de ses nouvelles fonctions, lui recommanda de

(1) CC 51.
(2) BB 34, fol. 317.
(3) *Ibid.*, 19 novembre 1573, fol. 313 v°.
(4) Papiers d'Etat du cardinal de Granvelle à la bibliothèque de Besançon, t. XXIX, fol. 144.
(5) Launoi, *Regii Navarrae gymnasii Parisiensis historia*, p. 412.
(6) *Ibid.*, p. 413.
(7) *Ibid.*, p. 326, et Du Boulay, *Historia Universitatis Parisiensis*, t. VI, p. 551.

rester bon catholique, de ne pas laisser supplanter la faculté des arts par les autres facultés et, afin de conserver son autorité, de remplacer par des personnages éprouvés ceux qui avaient perdu la foi (1). Le rectorat était de courte durée ; Naudot fut remplacé, le 16 décembre suivant, par Hugues Prevosteau (2). Selon le P. Laire (3), il aurait eu un canonicat à Autun et serait devenu maître et professeur de théologie. Il fut, pendant près de douze ans, principal du collège de Navarre (4).

Il eût été difficile aux Bisontins de faire un meilleur choix. Le 25 novembre, Petremand ayant annoncé au Conseil que Naudot acceptait la direction du collège aux conditions ordinaires, il fut agréé, et ses gages coururent dès ce jour (5). Naudot s'adjoignit Pierre Maignin, docteur en théologie.

Le 19 décembre, il fut appelé avec Maignin à la maison consistoriale par les gouverneurs, qui les prièrent de se mettre en mesure de faire leurs cours à partir du 1er janvier, au plus tard, pour que les écoliers ne perdissent pas davantage leur temps. Naudot se déclara prêt à commencer immédiatement ; puis il communiqua le règlement qu'il avait élaboré. Le même jour, il lui fut fait présent, à titre de bienvenue, de quatre bichots de blé et de 10 écus pour son entrée en « mesnage (6). » Cependant l'on faisait d'importantes réparations au collège, tant dans les classes que dans les appartements du principal et des régents (7).

Un traité entre les gouverneurs, Jacques Naudot et Pierre Maignin fut passé, le 24 décembre, pour une durée de six ans, à partir du 25 novembre 1573. Naudot et Maignin s'engageaient à accepter « la charge principale, conduicte, direction et admi-
» nistration du college d'icelle cité, pour en icelluy enseigner,
» dresser et instituer la jeunesse de ladicte cité et aultres eschol-
» liers frequentans et qui frequenteront oudict college, l'ordre,

---

(1) Du Boulay, *ibid.*
(2) *Id.*, *ibid.*
(3) Dans la *Bibliothèque historique de la Bourgogne séquanoise*, de dom Payen, ms. 952 de la bibliothèque de Besançon, t. II, fol. 26, additions de Laire.
(4) Papiers Granvelle, t. XXIX, fol. 144.
(5) BB 34, fol. 317.
(6) *Ibid.*, fol. 337.
(7) CC 51, comptes de janvier et mai 1574.

» forme et façon sur ce dressée et communiquée a nosdicts sieurs,
» qui est a l'imitation des colleges de Paris, esquels ledict sieur
» Nauldot a versé par plusieurs années en charge et degré de
» principal ; pour et a l'effect de quoy lesdicts sieurs principalz
» seront tenuz avoir et entretenir ordinairement avec eulx ung
» regent fameux, de bonne vie, qualité et erudition, a gages rai-
» sonnables et suffisans pour son entretenement. »

La ville leur donnait pour leurs gages, la nourriture et entretien du régent, la somme de 200 francs et leur fournissait en plus le logement et les gros meubles. Lorsque Naudot et Maignin voudraient se retirer, ils devraient prévenir à l'avance (1).

Voici, d'après le ms. latin 7815 de la Bibliothèque nationale (2), le résumé et les principales dispositions du règlement dont il vient d'être question ; la première partie concerne les internes :

Tout élève appartenant à une des quatre premières classes qui sera encore au lit après cinq heures en été et six heures en hiver, aura une tessère ou mauvais point. S'il y en a plusieurs, c'est le plus avancé qui l'aura ; les autres seront signalés ; après trois fois, on les fera lever à coups de verges.

Sera noté comme ennemi de l'ordre quiconque sera surpris à bavarder, à flâner ou à se quereller autour de la fontaine, à se promener, à gesticuler, à se montrer indiscipliné dans la cour, qui sera dans une autre classe que la sienne, dans sa chambre ou à l'étude sans y avoir été envoyé par un maître. Celui qui sera trouvé à la cuisine aura une tessère ; la troisième fois, il recevra une punition corporelle.

Quiconque sera en retard, s'éloignera ou s'absentera volontairement au son de la cloche qui annonce l'office, les leçons, les disputations, le salut, le coucher, les assemblées ou tout autre exercice public, sera châtié.

Seront punis très sévèrement ceux qui joueront sans permission dans la cour, dans les chambres et en classe, surtout à l'heure du dîner ou du souper, ou qui, ayant la permission, joueront de l'argent ou joueront à la paume.

Ceux qui, sous quelque prétexte que ce soit, sortiront du

(1) BB 34, fol. 341 v°.
(2) Fol. 2-5.

collège et molesteront le portier qui chercherait à les en empêcher, ceux qui en cachette jetteront ou recevront quelque chose par les fenêtres, ceux qui provoqueront des rixes, des discussions ou des disputes, subiront une double correction. Ceux qui, sans permission, passeront la nuit hors du collège ou auront escaladé le mur la recevront dans la grande salle.

Un châtiment public sera aussi infligé à ceux qui vendront leurs livres ou leurs vêtements, comme s'ils avaient commis un vol. L'acheteur et le vendeur en seront pour leur argent. Il en sera de même pour ceux qui auront détourné quelque chose du mobilier.

Quiconque, soit en classe, soit dans la cour ou dans les chambres, surtout dans la chapelle ou en présence des maîtres, se sera montré irrespectueux ou insolent sera puni comme rebelle. Seront aussi traités de même ceux qui injurieront le moniteur (*normator*), le portier ou tout autre surveillant dans l'exercice de leurs fonctions, en quelque lieu et en quelque temps que ce soit.

Ceux qui seront surpris à boire dans les chambres ou dans les études seront très durement punis. Les jeux de hasard seront réprimandés publiquement. Toute parole injurieuse ou insolence vaudra à celui qui l'aura proférée une tessère ou un châtiment corporel.

La chapelle du collège sera, deux fois par semaine, mise en état de propreté par les élèves qui auront obtenu des tessères.

La plus grande assiduité aux offices est recommandée, ainsi que le recueillement dans les divers exercices de piété.

Les moniteurs devront présenter à leurs maîtres respectifs les listes des absents, des retardataires, de ceux qui font l'école buissonnière, des indisciplinés et des paresseux, pour que leur cas soit examiné. Ceux qui ne s'acquitteront pas de ce soin, qui se rendront coupables d'omission ou de retard, auront une tessère.

Pour les blasphèmes et les propos injurieux la punition sera des plus sévères.

L'usage des filets, de tout trait ou instrument dangereux est sévèrement interdit, sous peine de tessère ou de châtiment corporel. Sera également puni quiconque aura jeté quelque objet par les fenêtres, aura brisé les vitres ou blessé quelqu'un.

Dans chaque chambre une lumière devra être entretenue jusqu'au salut aux frais communs des chambristes. Il ne sera permis qu'aux malades d'aller se coucher avant le salut.

L'assistance aux vêpres, à la chapelle ou à l'église Saint-Antoine, aux matines, à l'office divin et aux exercices publics est obligatoire, sous peine de châtiment corporel.

Ceux qui manqueront aux répétitions du soir, faites habituellement par les chefs de chambres, ceux qui seront trouvés vagabondant pendant la nuit dans les étuves seront très sévèrement punis.

Il est rigoureusement interdit de provoquer par des cris la permission de jouer de la part de personnes visitant ou parcourant le collège, qui ne seraient pas suffisamment qualifiées pour la demander.

Seront punis de leur grossièreté ceux qui, sans y avoir été invités, se mêleront aux conversations des étrangers avec les maîtres. — Etc.

Les externes *(urbici)* avaient un règlement à part, dont le résumé suit :

En entrant au collège, les externes donneront au portier, qui les inscrira sur un registre, leurs nom, prénoms, pays d'origine et l'indication de la maison qu'ils habitent, afin qu'il puisse, quand il en sera prié, fournir à qui de droit des renseignements sur leur conduite et sur leur travail.

Ils ne seront reçus qu'après avoir fait une composition et subi un examen par devant le principal ou son délégué. Ils ne pourront être admis que dans la classe qui leur aura été assignée après cette épreuve et prendre place dans les assemblées que parmi les élèves de leur classe et au rang qui leur aura été fixé.

Seront punis du fouet ceux qui seront rencontrés dans les rues jouant, flânant, manquant de tenue, ou qui n'entreront pas au collège au son de la cloche. On sera particulièrement sévère pour ceux qui vagabonderont par la ville, que l'on trouvera inoccupés ou discutant sur le pont ou à Chamars. Le châtiment sera double pour ceux qui seront vus au Jeu de paume, dans les cabarets ou en compagnie de mauvais sujets.

Ceux qui, aux heures fixées, ne répondront pas à l'appel à la chapelle, en classe, etc., seront signalés aux régents pour être punis.

Au collège, les externes devront se comporter comme les internes, se soumettre rigoureusement à la même discipline, avoir le même maintien modeste et garder le silence, notamment aux offices divins et aux exercices de déclamation auxquels ils sont tenus d'assister.

Ceux qui, à la sortie du collège, se querelleront, pousseront des cris, auront de mauvaises manières, gesticuleront bruyamment, diront des inepties, se cacheront dans ou autour l'église Saint-Antoine, qui perdront leur temps en conversations ou en amusements frivoles, seront punis. Il en sera de même pour ceux qui n'auront pas pour leurs maîtres, les vieillards et les principaux personnages de la ville le respect qui leur est dû, pour ceux qui ne se découvriront pas devant les croix ou devant les prêtres portant les sacrements.

Les rixes, les paroles bouffonnes, insolentes ou injurieuses, les jurons et les propos qui pourraient blesser les oreilles chastes, tout ce qui pourrait être pour le collège une cause de scandale sera sévèrement réprimé.

Seront punis ceux qui, les veilles de grandes fêtes, n'assisteront pas aux prières du soir et aux exercices de déclamation accoutumés, qui, les jours de fêtes, manqueront à la messe, au sermon et aux vêpres, et qui, le samedi, ne viendront pas à la déclamation.

Les jeux d'argent, les jeux de hasard, comme les dés, et les prêts d'argent pour le jeu sont interdits.

Les externes qui iront dans les chambres des pensionnaires ou qui empêcheront les écoliers de travailler recevront un châtiment corporel.

Il leur est défendu, sans l'autorisation des régents, de vendre ou d'acheter, d'emporter du collège ou d'y apporter quoi que ce soit, sous peine de confiscation et de punition.

De même que les internes, ils remettront au moniteur général ou aux régents leurs tessères et leurs notes. Le principal les examinera pour prendre telle mesure qu'il jugera nécessaire.

Ils ne devront pas gêner les jeux des internes ; dans leurs récréations, ils feront usage de la langue latine.

Tout externe présent au collège sera tenu d'assister à l'office divin et au salut. Nul ne pourra s'absenter sans permission ou tant que le signal de la sortie n'aura pas été donné.

Les pédagogues du dehors s'abstiendront de frapper, dans l'intérieur du collège, les enfants confiés à leur garde. Le soin de punir, qui exige une grande maturité de jugement, sera laissé aux régents, car si on fait aimer l'étude aux enfants en les prenant par l'amour-propre et les bons sentiments, on la leur fait détester en les brutalisant.

Il est recommandé aux pédagogues de ne pas s'éloigner du collège avant d'avoir remis leurs élèves aux maîtres chargés de leur faire la classe, après le signal de la cloche. Autrement ils seront rendus responsables des fautes de leurs élèves. — Etc.

Comme on le voit par ce qui précède, le règlement rédigé par Jacques Naudot était passablement sévère.

Le collège ne tarda pas à devenir très florissant sous l'habile direction de Naudot et de Maignin. Ils fêtèrent, en juin, leurs premiers succès par des représentations de comédies en latin et en français. Les gouverneurs firent présent de vin aux principaux et leur accordèrent, ainsi qu'aux écoliers qui avaient joué aux comédies, une somme de 10 francs (1). En octobre, nouvelles représentations, qui durèrent deux jours, de comédies et de tragédies, cette fois non plus seulement en latin et en français, mais même en grec. Les comptes municipaux nous apprennent que les dépenses pour les estrades s'élevèrent à 11 francs, 11 gros et demi et que les principaux eurent 15 francs de gratification pour leurs peines (2).

Le nombre des écoliers s'était accru dans de telles proportions que les locaux du collège étaient devenus insuffisants pour les contenir. Le 15 juillet 1574, les gouverneurs décidèrent de louer, en attendant que l'on pût faire de nouvelles constructions, la maison du prieur de Bonnevent qui venait de mourir (3). En

(1) CC 52, juin.
(2) *Ibid.*, octobre.
(3) BB 35, fol. 24 v°.

outre, le 9 septembre, ils amodiaient, à raison de 25 francs par an, la maison de Désiré Barbot (1).

L'enseignement de Naudot était fort apprécié à Besançon. Le prieur des Carmes, qui professait le cours de théologie au collège Granvelle étant mort, il fut question de Naudot pour le remplacer. « Licencié en theologie et bon catholique, on pour- » roit le commettre a faire la leçon. Il est prestre et presche fort » bien ; natif d'Autun, ayant esté douze ans principal du collège » de Navarre a Paris... (2) » Je ne sais quelle suite fut donnée à ce projet.

Même avec les agrandissements résultant de la location des maisons de Barbot et du prieur de Bonnevent, que l'on mettait en communication avec le collège, soit en perçant des portes, soit en abattant des murs de séparation, la place faisait encore défaut. Un maître maçon, Richard Maire, à qui on avait confié les principales réparations, fut chargé par les gouverneurs d'établir un plan pour la construction d'un bâtiment qui fut votée le 10 mars 1575 ; ce plan fut adopté le 30 et les travaux ne tardèrent pas à commencer (3).

A l'occasion du service célébré, le 16 décembre 1576, en l'honneur de l'empereur Maximilien II, dont la mort avait été récemment annoncée à Besançon, Naudot fut désigné pour faire son oraison funèbre (4).

En 1579, les Bisontins furent sur le point de perdre Naudot. D'un âge déjà avancé, il songeait à se retirer ; il aurait voulu obtenir la cure du Petit-Noir, alors vacante. Pour lui donner un témoignage de leur estime et de leur reconnaissance, les gouverneurs la sollicitèrent pour lui auprès du pape (5 août). Dans leur requête, ils rendaient hommage au zèle avec lequel, pendant six ans, le principal s'était occupé d'instruire la jeunesse de la ville et de l'élever dans la foi catholique, à la sainteté de sa vie qui lui avait mérité le respect de tous ; ils rappelaient aussi les services qu'il avait rendus à l'Université de Paris et au collège

---

(1) BB. 33, fol. 59.
(2) Papiers Granvelle, t. XXIX, fol. 144.
(3) BB 33, fol. 162 v° et fol. 168.
(4) BB 36, fol. 196, et CC 53.

de Navarre (1), etc. Heureusement pour Besançon, cette demande ne fut pas suivie d'effet. En 1581, malgré les démarches des gouverneurs, il n'avait pas été encore pourvu de la cure du Petit-Noir (2).

En prévision de sa retraite, les gouverneurs avaient eu l'intention de confier leur collège aux Jésuites. Cela semble résulter d'une lettre d'eux en date du 27 janvier 1580, à l'empereur Rodolphe II, dans laquelle ils le priaient de demander au pape et au duc de Parme de ne pas s'opposer à l'érection de ce collège (3).

Louis Lautius, que nous retrouverons plus loin, est premier régent du collège à la fin de 1581 ou au commencement de 1582. Il reçoit des gouverneurs 30 francs à titre de don gratuit (4).

Il avait professé au collège de Boncourt à Paris. En relations avec Jean Chifflet, c'est probablement par son entremise qu'il vint à Besançon (5). Dans une de ses lettres, il lui recommandait également un de ses amis, « illustre, très lettré », qui désirait vivement enseigner à Besançon et que les Bisontins devaient s'attacher à tout prix (6).

C'est à la fin de 1582 ou dans les premiers mois de 1583 que Jacques Naudot résigne ses fonctions de principal. Il lui est attribué 250 francs, « tant pour don gratuit a son hissue de Besançon » et fourniture faite au college (7). » Il est remplacé par Antoine Huet, recteur des écoles de Vesoul et autrefois principal à Besançon. La ville paie 40 francs pour le transport de Vesoul à Besançon du mobilier de Huet (8).

Dans son Histoire du collège de Navarre (9), Launoi cite un certain nombre de travaux manuscrits de Naudot, qui étaient conservés à Autun chez ses héritiers. Les principaux sont un

---

(1) BB 37, fol. 210-211.
(2) CC 53.
(3) BB 37, fol. 204.
(4) CC 54.
(5) Le ms. 23 fol. (267-278) du fonds Chifflet contient neuf lettres de Lautius à Jean Chifflet, comprises entre les années 1588-1593.
(6) *Ibid.*, fol. 266 v°.
(7) CC 55.
(8) *Ibid.*
(9) P. 719.

catéchisme en vers, des « argumenta » sur les évangiles des dimanches et fêtes de l'année, des fêtes de la Vierge et des saints. Il a en outre laissé trois importants recueils, qui sont au département des manuscrits de la Bibliothèque nationale, sous les n°s 7815, 8165 et 8485 du fonds latin. J'en ai donné le dépouillement dans mon *Catalogue des manuscrits relatifs à la Franche-Comté qui sont conservés dans les bibliothèques de Paris* (1). Ce sont des mélanges sur divers sujets, dont quelques-uns ont une certaine étendue. Parmi ces derniers, je citerai, dans le n° 8165, une tragédie intitulée : *De priscorum gygantum moribus et studiis* ; dans le n° 8485, un catéchisme en vers et un poème en dix parties sur les œuvres de Lactance. Ces poésies attestent chez Naudot une rare facilité.

Elles présentent un autre intérêt. Comme plusieurs sont suivies de dates de lieux et d'années, elles nous permettent de savoir que Naudot professait, en 1584, à Vesoul, où il avait probablement remplacé Huet à la direction des écoles, et, de 1592 à 1595, à Lons-le-Saunier.

Le 28 janvier 1583, les gouverneurs firent, pour six ans, à partir du 25 mars suivant, avec Antoine Huet un traité par lequel celui-ci, moyennant le logement et une somme de 200 francs pour ses gages, ceux de deux régents, « fameux, de bonne vie, » qualité et condition », leur nourriture et entretien, consentait à prendre la direction du collège de Besançon, « a l'imitation des » colleges de Paris. »

Pour le prix de la pension des « caméristes » ou internes, Huet ne pouvait pas exiger plus de 7 francs par an, non compris la literie ; pour la rétribution scolaire des « classiques urbiques » ou externes, plus de 6 blancs par mois, et pour les « abecedai- » res » ou commençants amenés du dehors par « pedagogues », plus de 4 niquets par an (2).

En 1584, Barthélemy Esca était premier régent à la place de Lautius. Les gouverneurs lui donnèrent 12 francs de gratification, « en consideration de ses diligence et labeur a l'instruction de la

(1) P. 11-29.
(2) BB 38, fol. 245 v°.

» jeunesse [1] ». Huet alla à Dijon chercher un « docte regent » et reçut 20 francs pour son voyage. On joua la comédie au collège ; les estrades coûtèrent 12 francs 11 gros [2]. L'année suivante, les écoliers représentèrent une tragédie de leurs maîtres, intitulée : *Polidorus, filz du roy Pryamus de Troye* [3].

Le collège ne tarda pas à péricliter sous l'administration d'Huet, que les Bisontins devaient cependant connaître pour l'avoir vu à l'œuvre dix ans auparavant. Le 17 juin 1586, des plaintes sérieuses furent formulées en plein Conseil sur son compte ; la mauvaise organisation du collège, la négligence du principal et des régents furent dénoncées ; bref, on reconnut la nécessité d'une réforme radicale. Deux gouverneurs, Thomas Pétremand et Picornot, auxquels on adjoignit Jean Broquard et Nicolas Proz, furent désignés pour étudier les voies et moyens d'arriver à cette réforme [4]. Ils imaginèrent d'envoyer à Paris Pierre Jacquot, docteur ès droits, pour chercher deux régents « qualifiez et mo» riginez, » auxquels il pourrait offrir, pour les deux, 100 écus et la nourriture [5]. Jacquot ramena un picard, Claude Dause, et un flamand, Nicolas Fabry, qu'il présenta au Conseil le 19 août [6]. Il fut convenu que Dause exercerait les fonctions de premier régent, à raison de 210 francs par an, et Fabry celles de second régent, à raison de 150 francs. Ils s'engageaient pour deux années. Lorsqu'ils voudraient se retirer, ils préviendraient quatre mois à l'avance, afin de laisser aux gouverneurs le temps de les remplacer [7].

Les comptes municipaux de 1586 donnent le détail des sommes qui furent dépensées à cette occasion. Jacquot reçut pour son voyage à Paris et pour les frais de voyage des régents 273 francs, 3 gros, 1 blanc et 2 deniers. Il fut payé 48 francs pour la nourriture et le séjour de Dause et de Fabry à l'auberge du *Porte-Enseigne*. Jacquot ayant laissé à Dijon leurs deux valises, Dause

---

(1) CC 57.
(2) *Ibid.*
(3) CC 58.
(4) BB 40, fol. 7 v°.
(5) *Ibid.*, 3 juillet, fol. 10.
(6) *Ibid.*, fol. 24.
(7) BB 40, fol. 27 v°.

et Fabry allèrent les y chercher : coût à la ville 29 francs. Puis on donna 8 francs au voiturier qui avait amené de Dijon à Besançon « une basle ou estoient les livres, habits et aultres » choses desdits regents [1]. » Enfin on avança à Dause 105 francs pour six mois de ses gages et 75 francs à Fabry. Ce n'est pas tout encore. Dause, ayant éprouvé bientôt après le besoin d'aller à Paris, reçut 12 francs pour son voyage, et Fabry aussi 12 francs, afin d'aller rendre les derniers devoirs à son père qui venait de mourir en Flandre ! A cela il convient d'ajouter deux fortes indemnités accordées à Huet, à cause de la cherté des vivres [2]. Nous savons par les comptes de 1587 que Dause revint et que Huet eut encore, cette année là, plusieurs indemnités. Quant à Fabry, son nom ne réapparaît plus. Il fut remplacé comme second régent par un prêtre nommé François Amyot [3].

Le collège coûtait donc relativement cher à la ville, mais il n'en allait pas mieux pour cela. Le 30 avril 1588, les gouverneurs durent, de nouveau, faire de sérieuses remontrances à Huet [4], puis, dégoûtés, ils entrèrent en pourparlers avec l'archevêque pour la fondation d'un séminaire qui aurait été établi dans la commanderie de Saint-Antoine et auquel le collège aurait été réuni. Le commandeur aurait été pourvu de la coadjutorerie de la maîtrise de l'hôpital du Saint-Esprit. L'archevêque exposa aux gouverneurs que la combinaison ne lui semblait pas très facilement réalisable ; qu'en ce qui le concernait, il ferait tous ses efforts pour la faire aboutir, mais qu'il devrait d'abord en référer au pape [5]. Celui-ci refusa d'adopter le projet quant au collège, mais il se déclara prêt à attribuer la commanderie pour un séminaire si l'archevêque et le Chapitre lui en exprimaient le désir [6].

Cette année là, on représenta au collège une tragédie des Innocents. Il fut donné pour 18 francs de livres aux enfants et aux clercs qui avaient le mieux joué [7].

(1) CC 59.
(2) *Ibid.*
(3) CC 60.
(4) BB 40, fol. 189 v°.
(5) *Ibid.*, 3 et 4 août, fol. 235 et 236.
(6) BB 41, fol. 120. Sur ce projet, voir Beaune et d'Arbaumont, *op. l.*, p. CCXLVIII et CCXLIX.
(7) CC 60.

Le 4 octobre, nouvelles observations des gouverneurs sur la nécessité de « remettre et reformer le college de la cité en » meilleur ordre au regard des lectures, institution et instruction » de la jeunesse, » ce qui ne les empêcha pas de voter à Huet une augmentation de gages de 20 écus, « moyennant qu'il lise » en la premiere classe sans discontinuer et face mieulx qu'il » n'a accoustumé. » Cette augmentation, accordée pour l'année seulement, était considérée plutôt comme une indemnité pour les pertes causées à Huet par la cherté des vivres.

Le 25 novembre, engagement pour dix-huit mois à partir de ce jour, de Corneille de la Chambre, de Gand, — que nous retrouverons sous le nom de Camerarius, — en qualité de premier régent, à raison de 60 écus par an, et, comme second régent, pour deux ans, de François Amyot, déjà mentionné, aux gages annuels de 20 écus. Camerarius reçut une gratification de 12 écus pour ses frais de voyage (1). Camerarius est sans doute le personnage « illustre » et « très lettré » auquel Lautius faisait allusion dans une de ses lettres à Chifflet. Tous deux étaient originaires de Gand.

La situation précaire du collège, à cette époque, ressort non plus des délibérations du Conseil, mais d'une lettre adressée par la municipalité à Frédéric Perrenot, sieur de Champagney, à la date du 14 décembre 1588. Les gouverneurs lui déclarent que le collège, à la suite des épidémies de peste qui ont sévi sur la cité, est tombé très bas ; que la concurrence des écoles privées lui a fait un tort considérable ; que le nombre des élèves est réduit presque à rien ; que, pour relever le collège et lui procurer des régents capables, la ville a dû faire des sacrifices auxquels elle ne pourra suffire que si la population scolaire augmente ; qu'en conséquence le Conseil a décidé de supprimer les écoles privées, « sans y comprendre les boursiers du vostre (collège » Granvelle) et tous aultres elementaires que le regent y estant » vouldra tenir (2). » Mais il semble que les gouverneurs se ravisèrent et que le collège Granvelle fut, à son tour, menacé, car on ne s'expliquerait pas ce passage d'une lettre de Frédéric

---

(1) BB 41, fol. 37 v°.
(2) Note d'Aug. Castan, « recueil Champagney-Vergy. »

Perrenot, du 30 novembre 1589, aux gouverneurs : « ...Ce qui » me faict vous supplier que continuant ceste vostre bonne in- » tention, vous veullez donner ordre qu'on laisse jouyr le regent » de nostre college de la liberté de tenir pensionnaires et les » instruire avec les boursiers, comme il a faict jusques ores, sans » le contraindre a les mener en aultre college.... Aultrement, » si on l'empesche, ce serat (*sic*) oster toute devotion a ceulx de » nostre maison de meliorer ledict college et a aultres d'en eriger » ou faire de semblables fondations, lesquelles vous scavez ne » bastent seulles pour entretenir les regentz s'ilz ne tiennent, » oultre les boursiers, quelques pensionnaires (1). » Je ne sais si le collège Granvelle fut soumis à la loi commune, mais il ne devait pas tarder à succomber lui-même devant la concurrence des Jésuites. En 1606, il était tout à fait abandonné, et, en 1623, il était encore dû à Antoine Garinet, professeur, 925 francs pour vingt et une années de ses gages (2).

Revenons à Huet. Comme il se plaignait constamment du petit nombre de ses écoliers et des dépenses qu'il faisait pour la nourriture des régents, les gouverneurs le firent comparaître au Conseil, le 1er mars 1590, pour s'entendre avec lui sur les moyens de remédier, dans une certaine mesure, à la situation. Il ne put que proposer de faire licencier le deuxième régent, de se charger de sa classe et de ne conserver que le premier et le troisième régents (3).

Lautius, qui avait déjà professé au collège, fut agréé, le 16 mars 1590, comme premier régent ; il s'engagea pour deux ans, à raison de 60 écus par an, non compris la nourriture, que le principal devait lui fournir (4).

Le 20 juin, Huet, toujours insatiable ou besogneux, demanda que les 20 écus que recevait François Amyot, le régent supprimé, lui fussent attribués. Les gouverneurs accédèrent à sa requête (5), mais il ne jouit pas longtemps de ce nouvel avantage, car, d'après le registre des délibérations, le 31 août suivant, « sur

(1) Note d'Aug. Castan, « recueil Champagney-Vergy. »
(2) *Id.*, « recueil Champagney-Vergy. »
(3) BB 41, fol. 227.
(4) *Ibid.*, fol. 234 v°.
(5) BB 41, fol. 236 v°.

» grandes clameurs et plaintes du peuple, a raison de la negli-
» gence et peu de conduitte du sieur Huet, principal du college,
» allendroit de sa charge pour les traitement, instruction et
» institution de la jeunesse, nonobstant les diverses et reiterées
» admonitions et remonstrances a luy cy devant faictes, a esté
» resolu a la pluralité de voix que l'on le licencieroit et seroit
» pourveu d'ung aultre bien qualiffié et suffisant pour l'exercice
» de telle charge deans la S. Remy prochain (1). » Les gouverneurs ne lui donnèrent pas moins 60 francs « pour recompense » de ses labeurs (2). »

Comme administrateur, Huet était nul, nous venons de le voir amplement. J'ignore quelle était sa valeur au point de vue littéraire. Tout ce que j'ai pu trouver sur lui à cet égard, c'est qu'il est l'auteur d'une production intitulée : *Lustrationes et suplicationes* (sic) *pestis et famis civitatis Bisuntinæ, ad dominum Ferdinandum de Rye, archiepiscopum bisuntinum* (3).

Un de ses élèves, et des meilleurs, Jean-Baptiste Chassignet, l'auteur du *Mespris de la vie et la consolation contre la mort* (Besançon, N. Demoingesse, 1595), eut, paraît-il, en Huet un guide éclairé ; c'est dans ses leçons qu'il puisa son amour pour les lettres. En témoignage de gratitude à son maître, il lui dédia la quatrième partie de son livre (4) :

Huet, auquel je dois tout cela que la Muse
De scavoir et d'honneur en mon ame a infuse,
. . . . Je m'attriste
De voir de quelle ardeur l'ignorance resiste.

Dans ces deux vers :

On ne vit jamais de science publique
Sans traîner avec soy quelque facheuse pique,

il n'est pas douteux que Chassignet ne fasse allusion aux difficultés de son ancien principal avec ses élèves et avec le Conseil de ville (5).

---

(1) BB 43, fol. 30.
(2) CC 60.
(3) Dom Payen, *Bibliothèque historique de la Bourgogne séquanoise*, t. II, fol. 80.
(4) P. 350-484.
(5) Communication de mon excellent ami Ernest Courbet, receveur municipal de la ville de Paris.

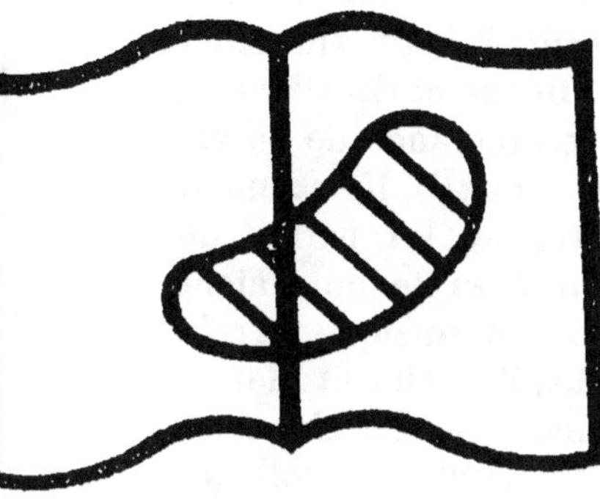

Illisibilité partielle

Valable pour tout ou partie du document reproduit

Pendant ce temps, quelle était la situation des écoles capitulaires? Pas plus satisfaisante que celle du collège de la ville ou du collège de Granvelle, si on en juge par le peu de renseignements que nous ont conservés les registres de délibérations du Chapitre. Le 11 février 1579, Jean Coulon fut désigné pour surveiller l'enseignement de la grammaire à Saint-Etienne et Groslambert à Saint-Jean. Il leur était expressément recommandé de suivre de très près le travail et les progrès des choriaux (1). Un examen, passé plus tard par l'archidiacre de Faverney, lui permit de constater que ceux de Saint-Jean, à part un, Jean Benou, étaient complètement nuls en lecture, en écriture et en musique, et cela par la négligence de leurs maîtres. Le Chapitre choisit Martin Lerouge pour leur enseigner la grammaire (2). Le chanoine Maignin, probablement l'ancien associé de Naudot au collège, était nommé à Saint-Jean, sur la demande de l'écolâtre Lassertot, qui proposait de chercher un recteur capable pour tenir les écoles et le gymnase du Chapitre (3). Le choix de Maignin était fait le 19 juin 1585; dès le 26, il avait des difficultés avec les chanoines au sujet de ses prébendes (4), et, le 3 juillet, il fallait déjà le remplacer par Etienne Velleret, familier de Saint-Jean-Baptiste (5).

Les recteurs des choriaux se succédaient à Saint-Jean presque avec une égale rapidité. En voici la liste depuis 1564 : Jean Naudet, 1564-1569 ; — N. Guesnon, 1569 ; — Antoine Regnaud, 5 octobre 1569 ; — Léonard de Butz, 20 octobre 1570 ; — Jean Rossignol, 15 avril 1573 ; — Claude Febvre, 5 octobre 1575 ; — Pierre de la Velle, 29 novembre 1575 ; — Jean Moreau, 9 mars 1578 ; — de nouveau, Antoine Regnaud, 31 mai 1581 ; — Louis Bagea, 29 novembre 1582 ; — Nicolas Cornu, 1er février 1583 ; — de nouveau, Louis Bagea, 1587.

Jean Lohet, nommé à Saint-Etienne, le 27 février 1580, était encore en fonctions en 1592. Un pareil exemple de stabilité est trop rare pour n'être pas signalé.

---

(1) G 198, fol. 160.
(2) *Ibid.*, 11 et 20 mai 1583, fol. 307 v° et 308.
(3) G 199, 5 juin, fol. 8 v°.
(4) *Ibid.*, fol. 11.
(5) *Ibid.*, fol. 11 v°.

***

Je ne terminerai pas ce chapitre sans résumer brièvement les statuts synodaux promulgués par l'archevêque Claude de la Baume, en 1573. Ils sont adressés aux recteurs des écoles du diocèse en général, mais les prescriptions qu'ils renferment durent être appliquées à Besançon autant, sinon plus, qu'ailleurs.

Il est expressément recommandé aux recteurs d'apporter tous leurs soins à l'exercice de leurs fonctions, de ne pas enseigner à leurs élèves des choses trop subtiles, trop obscures et au-dessus de leur intelligence, d'éviter de leur inculquer des doctrines fausses ou perverses. Il leur est interdit d'expliquer d'autres ouvrages que ceux qui sont employés dans les collèges des Universités catholiques ; quant aux livres nouveaux, ils doivent avoir été l'objet d'un examen préalable de l'archevêque, du vicaire général ou de l'official.

Tous les jours de fêtes, les recteurs conduiront à l'église leurs écoliers, qui chanteront avec le clergé à la messe et aux vêpres. Ceux d'entre eux qui sauront lire auront un livre d'heures ou un psautier, pour qu'ils puissent suivre l'office ou chanter. Le soir, dans les églises où se feront des prières, ils chanteront avec leur maître le *Salve Regina* et, selon le temps, une autre prière à la Vierge.

Les enfants iront à confesse pendant le Carême, à la Pentecôte, à la Toussaint et à Noël.

Avant d'entrer en charge, les maîtres devront prêter serment, au curé de leur paroisse, d'observer fidèlement toutes les prescriptions qui précèdent (1).

Plus tard, en 1588, l'archevêque Fernand de Rye les obligera, par un statut qui s'applique également aux imprimeurs, à faire une profession de foi catholique d'après une formule dont il donne le texte (2) ; enfin, en 1590, il ordonnera à son clergé d'inviter les parents à envoyer leurs enfants aux écoles (3).

---

(1) *Statuta seu decreta synodalia Bisuntinæ diœcesis publicata ab anno 1480 ad annum 1680...* Bisuntii, 1680, p. 55-57.

(2) *Ibid.*, p. 144-147.

(3) *Ibid.*, p. 37.

IX

Malgré la bulle de révocation du pape Pie V, les Bisontins n'avaient pas perdu l'espoir de recouvrer leur Université. Avec la prospérité temporaire du collège pendant l'administration de Naudot, les gouverneurs qui s'étaient bornés à « loqueter », ainsi qu'ils le disent dans une des délibérations prises à ce sujet (3 janvier 1575), pensèrent qu'il serait « bon faire venir « au plus » tost qu'il sera possible deux docteurs et ung instituaire hors » de suspition de la religion nouvelle pour lire(1), » et d'envoyer leurs collègues Lambert et Pétremand auprès de l'empereur Rodolphe II pour lui demander la confirmation des lettres patentes de Ferdinand Ier autorisant l'érection de l'Université (2). Je ne sais, faute de preuves, s'ils obtinrent de Rodolphe II cette confirmation ou le consentement tacite de ne pas s'opposer à l'ouverture d'une faculté de droit. Toujours est-il que, dans la séance du 30 juillet 1580, le Conseil se prévalait d'un privilège impérial pour aller de l'avant, « nonobstant toutes les traverses et » empeschemens du costé de Dole (3). » Comme Cujas avait autrefois assuré leurs prédécesseurs de toute sa bienveillance pour

---

(1) BB 37, fol. 353 v°. Sur les protestations et les incidents qui se produisirent depuis la bulle de révocation, voir Beaune et d'Arbaumont, *op. l.*, p. CCXVIII-CCXL. Ce qui suit est un résumé de leur intéressant travail et des registres des délibérations de Besançon.

(2) BB 37, 12 et 14 mai 1579, fol. 166 v° et 168.

(3) *Ibid.*, fol. 353 v°.

Besançon, les gouverneurs résolurent de s'adresser à lui et à Vincent Cabot (1), professeur à l'Université de Toulouse, pour les prier de leur procurer « deux bons docteurs sçavans et catho- » liques pour lire aux droits. » Le chanoine Pierre de Soye, que nous avons vu autrefois comme régent au collège Granvelle, fut prié de se rendre auprès de Cujas à Bourges ; ce qui fut fait.

Le savant jurisconsulte, qui savait que les Bisontins n'avaient pas l'autorisation du pape et qu'ils n'avaient pas l'habitude d'offrir des traitements convenables aux professeurs éminents dont ils sollicitaient les services, leur répondit, après les compliments d'usage, que le consentement du pape était nécessaire, que, ce consentement obtenu, ils devraient ensuite choisir dans leur ville ou dans la région quatre jurisconsultes qui constitueraient le noyau du personnel enseignant de la nouvelle faculté, et « après adjouster deux estrangers qui soyent et ayent le bruict » d'estre doctes et profons en ceste science, et, ce qui est le prin- » cipal, qui soyent paisibles et de bonnes mœurs, et du tout » dissemblables a ceux qui troublent aujourd'huy tout le » monde... » En ce qui concerne la question d'argent, il leur parle d'un professeur à qui le duc de Lorraine avait offert inutilement 1000 écus et le duc de Bavière 1200, leur laissant ainsi entendre que, selon le conseil qu'il leur avait déjà donné, ils eussent à payer très largement. Il terminait en leur demandant de lui faire savoir quels sacrifices ils étaient disposés à consentir et en leur promettant de faire des démarches auprès de Roaldès à Lyon (2). De son côté, Pierre de Soye écrivait aux gouverneurs que Cujas avait signalé le docteur Chifflet comme l'homme le plus capable d'organiser la future école de droit (3).

Mais le difficile était d'obtenir le privilège du pape ; pour cela,

(1) Sur Vincent Cabot, voir la *Nouvelle biographie générale* (Didot), v° CABOT (Vincent)

(2) Aug. Castan, *Consultation de Cujas sur l'organisation de l'enseignement du droit à Besançon en 1580*, dans *Mémoires de la Société d'émulation du Doubs*, 1877, p. 178-185. L'original est aux archives municipales, layette 39.

(3) *Ibid.*, p. 183-184. — Il s'agit de Claude Chifflet, né à Besançon en 1541 et mort, professeur de droit, à l'Université de Dole, le 16 octobre, *al.* le 15 novembre 1580. Il avait été à Bourges l'élève de Cujas, qui avait pour lui beaucoup d'estime et d'amitié. Chifflet a laissé plusieurs ouvrages dont la liste est donnée dans la *Biographie* Didot à l'article le concernant.

les Bisontins ne négligèrent rien ; ils frappèrent à toutes les portes, sollicitèrent tous les concours et acceptèrent tous ceux qui leur étaient offerts. Dans ces circonstances, leur naïveté ne fut, plus d'une fois, égalée que par leur opiniâtreté. D'abord ils essayèrent de mettre dans leurs intérêts un certain chanoine Bacholet qui venait d'apporter le chapeau de cardinal à l'archevêque Claude de la Baume (février 1581). Comme il avait été très bien reçu à Besançon, il se déclara prêt à présenter au pape et au cardinal Madrucci leur requête tendant à l'établissement de l'Université. On lui remit, en même temps, une copie du privilège de Pie V, qui, dans la pensée des gouverneurs, ne devait pas peu contribuer à peser sur la décision de Grégoire XIII (1).

Comment les gouverneurs furent-ils mis en relation avec un aventurier florentin, Jacques Pitti, qui leur fit accroire que le grand-duc de Toscane interviendrait volontiers à Rome en leur faveur ? Ce fut sans doute par le fait de Bacholet, qui, passant par Florence, aurait entretenu Pitti de la mission dont il était chargé par les Bisontins, et les deux compères se seraient entendus pour les mystifier comme ils ne le furent probablement jamais.

Après lecture d'une lettre de Pitti, en date du 1er juin, les gouverneurs, enthousiasmés, décidèrent de le remercier, ainsi que le grand-duc de Toscane, et d'envoyer à celui-ci, pour lui prouver le bien fondé de leur demande, la copie du fameux privilège de Pie V et celui de l'empereur Ferdinand (2). Puis, un beau jour, le 3 mars 1582, Pitti arriva à Besançon. Bien entendu, il venait les mains vides. Dans l'audience que lui accorda le Conseil, le lendemain, il parla des difficultés qu'il avait rencontrées à Rome, malgré les efforts du grand-duc et ceux de son frère le cardinal de Médicis ; que tout ce qu'il avait pu obtenir, c'étaient des lettres du cardinal Maffei s'enquérant des raisons pour lesquelles on s'opposait à l'érection de l'Université de Besançon. Et on montra une dépêche portant cette suscription : *Magnificis dominis consulibus et consiliariis communitatis Dolensis*, et un soi-disant duplicata destiné aux gouverneurs. Pitti comptait, non sans raison, sur leur crédulité. Il fut prié de se faire

(1) BB 38, fol. 23 et 24.
(2) *Ibid.*, 17, 22 et 30 juin, 15 août 1581, fol. 56, 57 v°, 68 v° et 84.

donner par le magistrat de Dole « certification de la delivrance » d'icelles ou instrument pour en faire apparoir a Mgr le car- » dinal, afin de taster encore si l'on pourra obtenir quelque » chose de mieulx...[1] »

Le cardinal, c'était le cardinal de Côme, protecteur de l'Empire à Rome. Il y avait aussi le cardinal Caraffa, que Pitti disait s'intéresser à l'Université de Besançon. Malgré les difficultés, on ne pouvait manquer de réussir avec le temps, surtout avec d'aussi hautes protections, et, de nouveau, les gouverneurs, avec leur persévérance ordinaire, délibéraient « d'avoir deux personnaiges, » sçavoir ung instituaire et ung professeur en philosophie et » bonnes lettres pour mettre en pratique le privilege d'Univer- » sité concedé a ladicte cité par feu d'heureuse memoire l'em- » pereur Ferdinand. » Puis ils envoyaient à Fribourg et à Soleure Charles Varin demander des lettres de recommandation que Pitti devait emporter à Rome et remettre au pape[2]. Mais Pitti ne revint pas de Dole, où il n'alla peut-être pas, car on sut plus tard que le magistrat de la ville n'avait pas *encore* vu les lettres du cardinal Maffei.

Pour ses prétendues négociations, Pitti avait reçu des gouverneurs l'importante somme de 600 francs. Un an après, le Conseil reconnut, non sans mélancolie, qu'elles avaient été « frivoles[3]. » Dans l'intervalle, Bacholet avait bien essayé d'avoir recours à la générosité des Bisontins, en leur offrant, lui aussi, la continuation de ses services, mais il fut moins heureux ou moins habile que Pitti.

Cette longue série de mésaventures n'avait pas découragé nos naïfs gouverneurs, bien au contraire. Seulement ils allaient manœuvrer autrement. Comme le principal obstacle à la réalisation de leurs projets venait de l'Espagne, ils finirent par se rappeler qu'ils pourraient avoir dans le cardinal de Granvelle un protecteur influent auprès de Philippe II. Le moyen qu'ils employèrent pour essayer de le mettre dans leurs intérêts ne fut pas des plus corrects. Ils avaient intercepté, — comment ? —

(1) BB 38, fol. 42, Beaune et d'Arbaumont, *op. l.*, p. 142.
(2) BB 38, 6 mai 1582, fol. 142.
(3) *Ibid.*, 19 mars et 2 avril, fol. 208 v°.

une lettre des échevins de Dole au cardinal Maffei ; naturellement ceux-ci lui demandaient sa protection auprès du pape contre les Bisontins ; ils l'assuraient, entre autres choses, que Granvelle était pour l'Université de Dole contre ces derniers. Les gouverneurs en firent le reproche à leur éminent compatriote, qui se plaignit aux Dolois de leur indiscrétion et répondit à leurs rivaux que, dorénavant, il demeurerait neutre dans la question ; ce qu'il fit du reste (1).

Quant à Philippe II, il était nettement hostile à Besançon. Dans des remontrances qu'il faisait adresser à Rome par son ambassadeur, il représentait, ce qui était fort juste, qu'il serait absurde d'avoir deux Universités à une demi-journée de marche, etc., et ce qui était faux, « qu'elle pourroit recevoir chez elle toutes sor- » tes de gens, et laisser faire profession de toutes choses non » approuvées par l'Eglise catholique, » qu'elle l'avait déjà bien prouvé en choisissant pour professeur « ung certain Balduin, » censurez par le sainct concile de Trente, et en donnant asile a » un cordelier nagueres executé de mort a Dole pour avoir dog- » matisé en ceste cité ; » que Besançon accueillait tous les fugitifs expulsés de Dijon et d'autres villes pour fait d'hérésie ; que plusieurs de ses habitants et des plus notables faisaient élever leurs fils à Heidelberg, « qui est semblable a Geneve » ; que « les re- » ligieux et gens d'eglise allant recepvoir les ordres en ladicte » cité estoient par les artisans huez, mouquez et ralliez par inju- » res, appelez *caffards*, *loups* et autres insultes, » et qu'enfin lui donner une Université, ce serait créer un foyer de libertinage, où les plus dangereuses opinions seraient enseignées (2).

Je le répète, ces accusations, lancées par Dole, étaient fausses pour la plupart, car s'il est une ville qui s'opposa de toutes ses forces à l'introduction des idées nouvelles, c'est Besançon ; sa résistance, lors de l'attaque des protestants, le prouve ; ce qui le prouve encore, c'est le soin avec lequel on recrutait, au point de vue de l'orthodoxie, les maîtres des écoles ; c'est la série de mesures prises par les gouverneurs contre les réformés et les « traditeurs ». C'est si vrai que, quelques années plus tard, en 1588, les

---

(1) Beaune et d'Arbaumont, *op. l.*, p. CCXLV et 136-137.
(2) *Ibid.*, *op. l.*, p. CCXLVI.

gouverneurs ne voulaient pas tolérer à Besançon la présence du jeune prince Frédéric-Georges de Bade, étudiant à l'Université de Dole, qui en avait été expulsé comme protestant, en vertu des édits du roi d'Espagne (1). Les Dolois avaient su habilement rappeler l'affaire Lambelin ; quant au reproche adressé aux Bisontins en ce qui concerne Balduin, il est à peine besoin de faire remarquer que ce n'était ni plus ni moins qu'une amère plaisanterie (2).

Ce qui est exact, la plus stricte impartialité m'oblige à le dire en réponse aux assertions de Philippe II, c'est qu'au XVIe siècle, le clergé bisontin, tant séculier que régulier, ne fut pas toujours, au point de vue des mœurs, exempt de reproches. Il s'en faut même de beaucoup. Les remontrances des gouverneurs aux archevêques abondent dans les registres des délibérations municipales ; elles sont formulées avec une franchise qui dénote chez leurs auteurs un rare souci de la dignité des prêtres et des religieux, souci que le Chapitre partageait à un égal degré et dont font foi ses propres registres. Il y a donc lieu de supposer que si, à Besançon, on a parfois manqué de respect au clergé, c'est seulement à ceux de ses membres qui le méritaient.

Mais, déjà alors, quand on calomniait, il en restait quelque chose. Il n'est donc pas étonnant que Grégoire XIII ait prêté l'oreille aux suggestions de l'ambassadeur de Philippe II et que, malgré les sollicitations des gouverneurs, de leurs agents à Rome et de leurs protecteurs plus ou moins réels, il ait décidé le maintien du *statu quo*.

Il a été dit plus haut que les gouverneurs, écœurés de la mauvaise administration de Huet, avaient pris le parti de se débarrasser du collège et de l'unir à un séminaire dont ils désiraient la fondation. L'autorisation, autrefois sollicitée de la cour de Rome, avait été refusée par le pape. Claude Grand, un des agents de Besançon, avait pour instructions de chercher à l'obtenir, puisqu'il semblait qu'il fallait renoncer à l'Université. Grand réussit au delà de toute espérance. Sixte-Quint, qui avait succédé à Grégoire XIII, accorda plus qu'on ne lui demandait : par un

(1) BB 41, fol. 8 v° et 11.
(2) Voir plus haut.

motu proprio du 24 septembre 1588, il permettait à la ville de Besançon d'avoir, non pas précisément une Université, mais un « collegium scolarium, » où un certain nombre de professeurs et de docteurs pourraient enseigner publiquement la théologie, le droit civil, le droit canon, la philosophie, les sciences et la médecine, après avoir fait profession de foi par devant l'archevêque. Ils avaient le pouvoir de conférer dans chacune des facultés les grades de bachelier, de licencié, de docteur ou de maître, selon la coutume de l'Université de Bologne. Les recteurs, les maîtres, les écoliers et le personnel jouiraient des mêmes privilèges que dans les Universités. Le collège aurait ses revenus, une église ou une chapelle, etc. (1)

Grand envoya le texte de ce document qui arriva à Besançon, le 24 octobre, avec une lettre par laquelle il demandait, outre une première somme de 100 écus, 50 autres écus pour l'expédition *sub plumbo*, c'est-à-dire avec la bulle de plomb, de l'autorisation pontificale. Il fut convenu que des remercîments seraient adressés au pape, au cardinal dataire Gabriel Paleoto, en même temps que la copie du privilège de l'empereur Ferdinand Ier. Quelques jours après, le 6 novembre, Hugues Morel, contrôleur de la ville, fut député à Rome, avec une somme de 300 écus, « pour faire le necessaire (2). » De son côté, Grand annonçait que « dès environ le 14 novembre, les bulles obtenues pour le privi-
» lege de l'Université estoient prestes a mettre sous le
» plomb (3). »

Mais le temps passait et les bulles n'arrivaient pas. Les gouverneurs, qui flairaient une nouvelle duperie, se tournèrent du côté de Soleure et de Fribourg et leur demandèrent d'intervenir auprès de Sixte-Quint, comme si l'influence de ces deux petits cantons avait été capable de contrebalancer celle de l'Espagne, qui était plus que jamais au service de Dole. Les historiens des Universités franc-comtoises ont raconté par le menu tous les incidents de la mission de Morel ; ils ont donné d'intéressants extraits de sa relation qui montrent en lui un fin diplomate.

---

(1) BB 36, fol. 127 v° ; Beaune et d'Arbaumont, *op. l.*, p. CCXLIX et 139-140.
(2) BB 41, fol. 32 v°.
(3) *Ibid.*, fol. 45.

Voyant qu'il ne fallait plus compter sur l'Université, pas même sur le « collegium scolarium » dont les Bisontins se seraient volontiers contentés, il essaya, pour lever les difficultés, d'obtenir seulement « un gymnase ou une école dans laquelle les » enfants pauvres de la ville seraient instruits gratuitement. » Mais en dépit de son habileté et de l'argent dépensé, il échoua et ne rapporta à Besançon qu'une sorte d'autorisation d'affecter la commanderie Saint-Antoine au futur séminaire, « si l'archevêque » et le Chapitre le demandoient. » En ce qui concerne l'Université, on lui avait fait espérer que, « malgré les adversaires, » c'est-à-dire Dole, on réussirait à donner satisfaction à Besançon. Le cardinal Rusticuccio l'avait assuré que l'affaire serait reprise « dès que responce seroit venue d'Espagne (1). » Elle le fut effectivement, mais au profit de Dole, car au mois de septembre 1589, Sixte-Quint révoquait solennellement le *motu proprio* dont il vient d'être parlé, qui n'avait pas même été promulgué, mais qui n'en avait pas moins été chèrement payé (2).

Et comme si tout cela n'avait pas été suffisant, Grégoire XIV, en 1591, et Clément VIII, le 9 février 1592, annulèrent encore le *motu proprio* de Sixte-Quint ; enfin, par une bulle du 7 juin 1611, Paul V allait jusqu'à interdire à Besançon tout enseignement public de nature à nuire à l'Université de Dole (3). Ce fut seulement au mois de mai 1691, après la conquête, que les Bisontins virent leur vœux comblés par le transfert de l'Université de Dole dans leur ville.

En attendant, ils durent se contenter de leur collège, qui, on l'a vu plus haut, végétait péniblement jusqu'au jour prochain où il allait succomber. Le 28 août 1590, les gouverneurs en confièrent la direction aux deux Gantois Louis Lautius et Cornélius Camerarius ou de la Chambre, que nous connaissons déjà ; tous deux étaient prêtres, ce qui n'indique pas les tendances anticatholiques qui étaient reprochées aux Bisontins.

Trois jours après, un traité, conclu pour six ans, déterminait les conditions de leur engagement. Camerarius devenait princi-

---

(1) BB 41, 3 juin 1589, fol. 120 v° ; Beaune et d'Arbaumont, p. CCL-CCLXI.
(2) Archives du Doubs, série D, carton 1, n° 15.
(3) Beaune et d'Arbaumont, *op. l.*, p. CCXLII.

pal et Lautius premier régent. Outre celui-ci, il devait y avoir trois « fameux regens, de bonnes vie, qualitez et condition. » Avec le logement, Camerarius recevrait 25 écus pour faire la deuxième classe et 260 francs, tant pour ses gages que pour ceux des autres régents, leur nourriture et entretien. Lautius aurait 60 écus.

Le collège serait administré à la façon de ceux de Paris.

Le prix de la pension était fixé à 7 francs par an, non compris a literie que les élèves fournissaient. Les « classiques urbiques » lou externes ne devaient pas payer plus de 6 blancs par mois; enfin, les « abécédaires » et ceux qui ne suivaient pas les leçons des régents ne donnaient que 4 blancs par mois [1].

Le 12 octobre 1591, Camerarius présente aux gouverneurs, pour occuper à sa place la chaire de deuxième régent, un jeune homme du nom de Jacques Scotterus, originaire de Saint-Omer, aux gages de 25 écus qu'il lui abandonne. Scotterus est agréé [2].

En cette même année, Camerarius, qui, paraît-il, avait une réelle valeur, fit imprimer chez Jean Exertier un cours de rhétorique, sous le titre de *Nova-vetus rhetorica ad usum collegii bisuntini conscripta*, en un volume in-4° de (VI) 62 pages. Il est conservé à la bibliothèque de Besançon ; d'après le *Répertoire des ouvrages pédagogiques du* XVIe *siècle*, publié par le Ministère de l'instruction publique, il n'en existerait pas d'autre exemplaire. L'impression en est fort belle.

Le cours est précédé, entre autres pièces, d'un quatrain en latin par Lautius. Il est dédié à Prosper de la Baume, comte de Montrevel, abbé commendataire de Cherlieu, ancien élève brillant du collège de Besançon. La dédicace est un éloge flatteur à l'adresse de Prosper de la Baume ; je n'oserais pas dire qu'elle n'est pas précisément un chef-d'œuvre d'habileté, car l'épigramme qu'il décoche aux Bourguignons, — lisez les Franc-Comtois, — qui, à l'exception de la Baume, sont inhabiles dans l'art de bien dire et ne savent ni comprendre, ni admirer ceux qui parlent bien, cette épigramme doit être voulue.

Camerarius ne se croyait-il pas suffisamment apprécié? avait-

(1) BB 42, fol. 33-35.
(2) *Ibid.*, fol. 193 v°.

il eu des déboires dans l'administration du collège? L'épigramme avait-elle piqué au vif les gouverneurs bisontins? Je ne saurais le dire, mais, moins d'un an après la publication de son cours de rhétorique, il n'était plus à Besançon. Il avait quitté la ville sans que les registres de délibérations fassent mention de son départ, sans même que les comptes municipaux indiquent le paiement de ses gages. La municipalité acheta de ses meubles une grande table et un châlit (1). L'engagement conclu pour six ans avait pris fin après un peu plus de vingt mois. Camerarius, qui continua sans doute à professer, composa aussi une grammaire latine et des poésies sur les révoltes des Hollandais. Devenu chanoine de la collégiale Saint-Pierre de Lille, il mourut en 1645. Son neveu Charles-Georges Vandercamere ou Camerarius, également chanoine de Saint-Pierre, y fit ériger en son honneur une inscription dont le texte est conservé dans les *Scriptores insulenses* (ms. 469 de la bibliothèque de Lille, p. 147 et 148). Quant à Lautius, il devint précepteur des enfants de Gérard de Marnix et de Salomé Gaillard. De Crilla, résidence des Marnix, il correspondit à plusieurs reprises avec Jean Chifflet (2). Le ms. n° 50 du fonds Chifflet contient de lui (fol. 119-120) un *Carmen consolatorium super morte cl. viri curiæ Dolanæ præsidis, ad D. Franc. de Maranchis, judicem, ejus generum*. Il collabora à l'édition des œuvres de Paul Orose, publiée à Mayence en 1615.

Après Camerarius, ce fut encore Huet. Le 5 mai 1592, les gouverneurs passèrent avec lui, pour une période de six ans, un traité par lequel il reprenait la direction du collège, avec trois régents sous ses ordres. On lui donnait 400 francs pour ses gages, ceux des régents, leur nourriture et leur entretien. Dans l'espoir que le nombre des élèves augmenterait, les gouverneurs abaissèrent à 6 francs par an le prix de la pension et le fixèrent à 9 pour ceux à qui l'on fournirait la literie, le linge et le « potaige » ou boisson. La rétribution scolaire fut maintenue à 6 blancs par mois pour les externes et à 4 blancs pour les abécédaires, « lesquels seront enseignez par le portier ou aultre ayant

(1) CC 61.
(2) V. ms. n° 23 du fonds Chifflet, fol. 275-278.

» de ce charge[1]. » A peine était-il installé qu'il demandait déjà 30 francs de supplément en raison de la cherté des vivres [2].

Mais ce qui était déjà arrivé se produisit de nouveau. L'administration de Huet fut tellement désastreuse que, moins de deux ans après, les plaintes contre lui devinrent générales. Le nombre déjà restreint des écoliers diminuait « journellement par » deffault tant de regens et personnaiges propres a la direction » et entretenement de l'ordre y convenable et necessaire que » aultrement, chose que redonde au grand prejudice de l'institu- » tion de la jeunesse et diminution de l'honneur et proffit de la » cité.... » Les gouverneurs nommaient une commission chargée de remédier à la situation [3], et le 19 juillet 1594, ils prenaient une autre délibération tendant au remplacement du principal et des régents [4].

Le 1er août, les délégués des gouverneurs, de Preigney, Pétremand, de Valimbert, Guybourg, Jacquot, Buson, co-gouverneurs, Remy Habitey, Aimé Morel, Nicolas Belin, Simon Marquis et Claude Philippe rendirent compte de leur mission. Comme l'accord ne s'était pas établi, on résolut de convoquer, pour une seconde séance, non seulement les Vingt-huit, mais aussi les anciens gouverneurs et divers notables. Le lendemain, eurent lieu deux autres réunions. Dans celle de la matinée, l'assemblée délibéra ce qui suit : « ... En consideration aussi des » grands frais cy devant supportez pour l'entretenement et a » raison du frequent changement des principaux et regens » estrangers receuz oudict college, pour la plupart instables et » vagabondz, sans qu'il en ait reussy sinon avec grand interest » l'aneantissement et ruine dudict college, a la pluralité des voix » et pour les raisons par ung chascun rapportees conscien- » sement, a esté resolu que ledict college se debvroit former de » Jesuistes aux gaiges, charges et capitulations que l'on advise- » roit avec eulx... » L'après-midi, sur la proposition de Pierre de Soye, chanoine de Sainte-Madeleine et ancien économe des Jésuites de Dijon, et de Jean Sarragoz, curé de Saint-Pierre, ami

(1) BB 42, fol. 284 v°.
(2) CC 61.
(3) BB 42, fol. 206 v°.
(4) *Ibid.*, fol. 240 v°.

du P. Clerus, recteur de celui de Dole, il fut décidé que l'on enverrait à Porrentruy demander la copie du traité passé entre l'évêque de Bâle et les Jésuites et que le P. Clerus serait consulté sur les moyens à employer pour arriver au but poursuivi (1). Il fut vite atteint. Le 11 août, le Provincial de Lyon et le P. Clerus arrivaient à Besançon ; le 16, le Chapitre émettait un avis favorable, l'archevêque promettait d'intervenir auprès du pape, de l'empereur, et de donner tout son appui à la combinaison (2) ; le 17, le Provincial et le P. Clerus se présentaient devant le Conseil qui s'engageait à fournir aux Jésuites une église, des locaux, des meubles et des livres, avec une dotation d'un revenu annuel de 3,000 francs, moyennant quoi ils auraient quatre classes d'humanités et une de logique. De leur côté, les Jésuites déclaraient se contenter de l'église et des bâtiments actuels jusqu'au jour où, « sans presse, » l'on pourrait mettre à leur disposition un édifice convenable (3).

Le collège municipal avait vécu. Pour des raisons qu'il serait trop long d'énumérer, invasion de la Franche-Comté par Tremblecourt, lenteur des négociations avec le général des Jésuites, etc., ce fut seulement le 26 mai 1597 que la cession fut définitive. Les cours des RR. PP. commencèrent au mois de septembre de cette année (4).

***

Ce qui concerne les écoles du Chapitre, pendant cette dernière période, se réduit à fort peu de chose : à des contestations entre le recteur, les maîtres et le principal et les régents du collège de la ville. Il est probable que la concurrence en était la cause et que le collège cherchait, comme il l'avait fait à plusieurs reprises pour les écoles privées, sinon à les supprimer complètement, mais à attirer à lui le plus grand nombre d'élèves qu'il lui serait possible (5). Le Chapitre d'ailleurs ne s'y prenait pas d'une autre façon à l'égard d'écoles établies rue du Clos (6). Mais l'arri-

(1) BB 43, fol. 243.
(2) BB 43, fol. 247.
(3) *Ibid.*, fol. 247 v°. Cf. Droz, *op. l.*, p. 20-23.
(4) Droz, *op. l.*, p. 27-34.
(5) G 199, 24 juillet 1591, fol. 388
(6) *Ibid.*, 21 mars 1592, fol. 433 v°.

vée des Jésuites ne devait pas tarder à faire le vide, à leur profit, dans ces établissements qui n'avaient leur raison d'être que parce qu'on n'avait jusque là rien trouvé à leur opposer.

La décadence du collège Granvelle et le refus des papes d'autoriser l'Université de Besançon eurent pour résultat la création près la cathédrale, dans une salle du Chapitre, d'un cours de théologie, d'ailleurs prescrit par le concile de Trente. Le premier titulaire fut le chanoine Claude Gerber, qui a laissé la réputation d'un homme savant. Il faisait ses leçons le mardi et le vendredi de chaque semaine. Il mourut en 1591. Il reste de lui un ouvrage intitulé : *Traitté des sainctes indulgences*, imprimé à Besançon la même année (1).

Quand j'aurai dit qu'Etienne Roux, curé de Saint-André, fut chargé, le 24 décembre 1592, d'enseigner les rudiments de la grammaire aux choriaux de Saint-Etienne, que Bénigne « Campanus » (Champenois ?) fut recteur des écoles de Saint-Jean depuis le 21 mars 1592, qu'Adrien Allou fut, depuis 1593 au moins, à tous égards, un assez mauvais recteur des choriaux de la cathédrale, et que Jean Prévost devint écolâtre le 31 août 1594, j'aurai épuisé ce que j'ai pu découvrir sur l'enseignement à Besançon jusqu'à la fin du XVIe siècle. Ce n'est certainement pas la partie la plus brillante de l'histoire de la vieille cité bisontine.

***

Il me reste maintenant à adresser l'expression de ma sincère reconnaissance à M. Gondy, maire de Besançon, qui m'a donné toutes les facilités désirables pour la consultation des importantes archives de la ville ; à Madame Castan, qui a bien voulu me communiquer des notes de son regretté mari relatives au collège de Granvelle ; le dépouillement des comptes municipaux fait par lui m'a été d'un assez grand secours. Enfin, je remercierai M. Gauthier, archiviste du département du Doubs ; M. Poëte, bibliothécaire-archiviste de Besançon, et M. Prinet, bibliothécaire adjoint, de l'aimable empressement qu'ils ont mis à me seconder dans ma tâche.

(1) Dom Payen, *Bibliothèque historique de la Bourgogne séquanoise*, t. II, fol. 55.

www.ingramcontent.com/pod-product-compliance
Lightning Source LLC
LaVergne TN
LVHW020342230826
846091LV00003B/961

* 9 7 8 2 0 1 3 4 6 1 0 1 6 *